유물론자에서
기독교인으로

유물론자에서
기독교인으로

발행일	2025년 1월 15일 초판
지은이	길원평
펴낸곳	밝은생각
등록번호	제2012-000057호
주소	서울시 서초구 방배천로18길10
전화	02-2671-2468
이메일	cfms112@naver.com
ISBN	979-11-90719-19-3 (03230)

※ 저작권자의 허락없이 이 책의 일부 도는 전체를 무단복제, 전재, 발췌하면 저작권법에 의해 처벌을 받습니다.

유물론자에서

기독교인으로

길원평 교수

추천사

한경직 목사님의 『기독교란 무엇인가』라는 소책자가 있습니다. 한 목사님께서 1956년에 "기독교란 무엇인가?"라는 제목으로 기독교방송국에서 방송을 하셨는데, 이것을 소책자로 만든 것이지요. 종교의 필요성, 인류 최대의 뉴스, 하나님의 존재와 인간의 갈망, 우주의 질서, 예수 그리스도는 누구인지까지 이어지는 간결한 설명에 기독교 진리와 영생에 이르는 길이 담겼습니다. 그 후 수백만 부가 만들어졌고, 영문판으로도 출판되었습니다.

이번에 존경하는 길원평 교수님께서 『유물론자에서 기독교인으로』라는 책을 새롭게 출판하신 것을 축하하고, 이 일을 인도하신 하나님께 영광을 돌립니다. 이 책은 한경직 목사님의 책을 연상하게 합니다.

길 교수님은 이 책에서 인간은 누구인가에 대한 근본 질문에서 시작하여 과학도로 고민하며 예수 그리스도께로 나아간 영적 순례의 과정을 진솔하게 표현했습니다. 흔히 보는 완벽을 과시하는 글도 아니요, 예배하면서도 방황하고, 성경을 읽으면서도 죄를 짓고, 기도하여 응답받으면서도 확신이 없고, 감사하면서도 세상 유혹에 이끌렸던 모든 일을 고백하듯 적으셨습니다. 마치 아우구스티누스의 『고백록』을 읽는 듯한 느낌입니다.

과거에 대해서만 진솔한 것이 아니라, 평생 괴롭혔던 질병으로 인한 고통도 말씀하고 있는데, 찌르는 가시로 인해 고통하던 바울을 연상하게 합니다. 바울이 그 가시에도 불구하고 약함을 오히려 자랑하며 복음을 위해 달린 것처럼, 길 교수님도 대한민국과 교회와 가정과 인생을 흔드는 동성애를 비롯한 온갖 죄악한 세력에 맞서 거룩한 방파제처럼 싸우고 있습니다. 마지막에는 마치 사영리를 보는 것 같은 느낌이 들도록 복음을 요약하고 있습니다.

이 책을 통해 독자들은 고민하며 인생을 산 한 그리스도인의 여정에 참여하게 될 것이며, 예수 그리스도의 부르시는 음성을 듣게 될 것입니다. 아울러 현재 우리 사회에서 진행 중인 여러 논의가 얼마나 심각한지를 알고 동참할 마음을 갖게 될 것입니다.

이 책은 전도용 소책자로서도 최고라고 생각합니다. 길 교수님의 수고에 감사드리며, 널리 보급되어 많은 방황하는 젊은이들과 복음에 대해 비판적인 사람들의 마음을 울리길 원합니다. 이 책을 통해 제2, 제3의 길원평 교수들이 탄생하길 기도합니다.

김운성 목사(영락교회)

제가 알고 경험한 길원평 교수님은 하나님을 뜨겁게 사랑하는 학자이며 한결같이 이웃을 배려하는 성품을 지닌 분입니다.

교수님은 쓰나미처럼 밀려오는 오염된 사상에 맞서 거룩한 방파제가 되어 가정의 가치를 수호하며 참된 가치를 고양하는 분이십니다.
교수님께서 사람과 사회와 가정의 근간을 무너뜨리는 악법을 막아내기 위하여 투쟁하시며 삭발하시던 그 장면이 지금도 제 뇌리속에 생생합니다.

오래전부터 내려오던 명제인 "자연과 은총은 충돌하지 않는다"라는 말이 있습니다.
창조주이자 구원자 하나님이심을 믿는 사람은 과학자로서도 당당하게 쓰임 받을 뿐 아니라 신앙인으로서의 분명한 정체성을 가져야 합니다.

본서의 제목처럼 우리는 이 책을 통하여 한 과학자의 믿음의 순례를 보게 됩니다.
이 소중한 책이 파스칼의 '팡세'처럼 과학의 세계와 신앙의 세계에서 방황하는 많은 분에게 확실한 이정표를 제시하리라 확신하며 기쁨으로 추천합니다.

오정호 목사(새로남교회 담임/ 거룩한 방파제 대회장)

길원평 교수님은 진실한 그리스도의 일꾼이시다. 그가 그리스도의 일꾼이 되기까지는 많은 방황이 있었다. 무의미한 방황이라기보다는 참된 진리를 알고자 하는 몸부림이었다. 유물론을 의지하던 물리학도가 창조론을 의지하는 물리학자가 되기까지 주어지는 모든 상황에서 진실한 질문과 탐구가 있었다. 하나님께서는 그의 갈망을 아셨고 인도하셨다. 길교수님이 걸어온 모든 과정을 빠짐없이 솔직하게 담고 있는 이 책은 읽기가 매우 쉬울 뿐만 아니라 감동이 있다. 많은 무신론자, 유물론자에게 예수님을 전하는 귀한 통로가 되리라 확신한다.

이재훈 목사(온누리교회)

교회를 핍박하는 일에 앞장섰던 바울은 다메섹 도상에서 예수님을 만난 이후 삶의 목적이 완전히 바뀌어 이방선교의 사명에 혼신의 힘을 다하는 삶을 살았습니다. 철저한 유물론자였다가 예수님을 만나 그리스도인으로 변화된 후 주님이 맡기신 소명을 이루는 일에 충성을 다하고 계시는 길원평 교수님에게서 사도 바울의 모습을 읽어낼 수 있습니다. 본 간증서는 차별금지법을 비롯한 악법을 대항하여 투쟁하시는 길원평교수님의 헌신의 토대와 과정을 잘 보여주고 있으며, 우리에게 영적 모범과 신선한 도전을 주고 있습니다. 독자들이 꼭 한 번 읽어 보실 것을 적극적으로 추천합니다.

이상원(전 총신대 신학대학원 기독교윤리학/조직신학 교수)

차례

추천사　　　　　　　　　4

1부

01　교육의 미혹　　　　　14
02　허무 속으로　　　　　18
03　미국 유학　　　　　　22
04　하나님을 향한 절규　　26
05　단번에 믿은 영의 세계　32
06　마음에 대한 해석　　　36
07　하나님을 만나자　　　42
08　박사 그리고 교수　　　46
09　살아 계신 하나님　　　50

2부

01 죄악으로부터 탈출   56

02 투병 생활의 은혜   62

03 음란의 굴레에서 벗어나기   68

04 의심과의 전쟁   72

05 예수님에 대한 믿음   80

06 사역, 그리고 건강 회복   86

07 본격적인 시민단체 활동   92

08 실존하는 영의 세계   98

09 철저한 죄인임을 깨닫다   105

10 오직 예수의 이름으로   113

11 남은 삶, 진리를 붙잡자   118

12 믿음을 갖고 지키려면   125

에필로그   134

1부

젊은 날 유물론에 빠져서 허무 속에서 방황하던 내가
어떻게 영혼의 실존을 믿게 되고 하나님을 만나게 되었는지를
사건 위주로 솔직하게 적었다.
이 글을 읽는 모든 사람은,
내가 이전에 진리로 오해하고 탈출하지 못했던
유물론의 미혹에서 벗어나
영적 세계의 기쁨을 누렸으면 좋겠다.

01
교육의 미혹

> "
> 그 내용은 생물학적 인간관,
> 좀 나쁘게 말하면
> 유물론적 인간관이었다.
> 그때 내 눈이 밝아진 것 같고
> 내가 어떤 존재인지를
> 알게 되었다고 생각했다.
> "

어린 시절을 뒤돌아보면, 내 성격은 내성적이라서 친구도 없이 책을 읽기를 좋아하였다. 특히 위인전을 좋아하여 자라서 훌륭한 사람이 되리라고 마음먹은 평범한 아이였다. 그리고 산수와 과학을 잘하여서 주위 어른들이 과학자가 되라고 말씀하셨다. 이렇게 공부만 열심히 하던 내 삶에 큰 변화를 주는 사건이 중학교 3학년 때에 생겼다. 그 당시 생물 교과서에 '모든 식물은 세포로 구성되어 있다'라는 구절이 있었는데, 그날따라 새삼스럽게 느껴지며 공상이 시작되었다.

모든 식물이 세포로 구성되었다면 동물은 무엇으로 구성되어 있는지 궁금했으며, 과학책을 읽고 동물도 세포로 구성되어 있음을 알고 나서는, 나 자신은 무엇으로 구성되어 있는지 더 나아가서 나 자신은 어떤 존재인지를 생각하기 시작했다. 학교 방과 후 학교 도서관에 가서 인간에 관한 책을 읽다가, 2주일 후에 부산 초량동에 위치한 소림독서실에서 '인간이란 무엇인가?'라는 글을 적었다. 2시간 동안 열심히 적었는데, 200자 원고지로 이십 여장을 적다가 모자라서, 노트지로 여러 장을 적었다. 그런데 그 내용은 생물학적 인간관, 좀 나쁘게 말하면 유물론적 인간관이었다. 그때 내 눈이 밝아진 것 같고 내가 어떤 존재인지를 알게 되었다고 생각했으며,

다른 사람은 이런 사실을 깨닫지 못하고 있다고 생각했다.

그 당시 소림독서실은 소림사 경내에 위치하여 절 문을 통과하여 밖으로 나가게 되어 있었다. 글을 다 쓰고 나니까 인생의 비밀을 알게 되었다는 감격도 잠시뿐이었고, 다음 순간에 인생이 너무 허무하다고 느껴지면서, 영도 다리에나 가야겠다고 무작정 절 문을 나섰다. 그런데 문을 통과하여 계단을 서너 개 정도 내려갔을 때, 갑자기 태양 빛이 강렬하게 느껴졌다. 눈을 찌푸려 하늘을 쳐다보니까 구름 한 점 없는 파란 하늘이었다. 그 순간 현기증이 나서 난간을 붙잡았는데, 그때 내 마음에 '내가 왜 허무하다고 그랬지?'라는 물음이 떠올랐다. 그래서 조금 전의 생각을 회상하려고 했는데 마음이 딱 정지되어서 아무런 생각도 나지 않았다. 조금 애를 쓰다가 '좀 더 살아 봐야겠다'라는 생각이 떠올라서 다시 독서실에 들어갔다. 그 일 후에도 내성적인 성격이라서 누구에게도 속마음을 이야기하지 않았고, 혼자만 이 엄청난 비밀을 알고 있다고 생각했다.

> 생각해보기

1. 우리 자신, 즉 인간의 존재 자체에 대해 고민해 본 적이 있습니까?

2. 인생이 너무 허무하다고 느낀 적은 없습니까?

02
허무 속으로

> "
>
> 어떤 때는
> 인생의 무가치함에 슬퍼하였고,
> 어떤 때는
> 나름대로 의미를
> 부여해 보려고 노력하였지만
> 죽음 앞에서 근본적인 해결책을
> 발견할 수 없었다.
>
> "

중학교 3학년부터 인생에 대해 고민하면서 관련 책들을 읽기 시작했다. 중학교 3학년 때 학교에서 권장 도서를 한 권씩 사라고 해서 철학책을 고르니까 선생님과 부모님께서 조숙하다고 대견하게 생각했다. 그때부터 철학책도 읽어보고 불교책도 읽어보았다. 특히 죽음의 문제를 어떻게 해결하는지 관심이 있었는데, 불교책은 그 내용이 심오한 것 같으면서도 마지막에 가서는 아리송하게 결론을 내려서 그 뜻이 무엇인지 알 수 없고 마음에 분명한 답을 주지 못했다.

그 후 수업 시간 중에 선생님께서 '사람이 만물의 영장이다.'라는 뜻이 무엇인지 질문하셨다. 그리고는, 갑자기 나를 지적하여 대답하도록 했다. 그래서 '사람이 모든 물질 중에서 가장 뛰어난 존재이다'라고 대답하자, 주위 학생이 '사람이 물질이래'라고 하면서 웃었다. 그때 어색한 표정으로 서 있으니까, 선생님께서 '물질이 무엇이냐?'라고 다시 물은 후에 가만있으니까 앉으라고 했다. 그때 나는 웃고 있는 친구들을 향해 마음속으로 중얼거렸다. '사람도 물질인걸.'

고등학교 졸업 기념 책자에 쓴 「남기고 싶은 말」은 다음과 같다.

'우리는 매일 한 방울의 피를 흘리고 있다. 따라서 우리는 매일 그만한 행복을 얻어야 한다.' 그 당시 나에게는 죽으면 끝이라는 허무주의와 하루하루 죽음에 가까이 가고 있다는 절박함이 있었던 것 같다. 죽으면 끝이라는 생각이 마음 깊이 자리를 잡으면서, 한 번밖에 살 수 없는 이 일생 동안에 가장 멋진 삶을 살아야겠다고 다짐했다. 그래서 그 목적을 위해서 일단 열심히 공부하기로 마음을 먹었다. 그러기에 겉으로 보기에는 공부를 열심히 하는 모범생이었지만, 마음 밑바닥에는 허무감과 슬픔이 있었다.

서울대학교에 입학한 후에 외적 삶은 조금도 부족함이 없이 행복했다. 친구들과 어울려 당구나 탁구를 치고, 밤을 새워가며 트럼프 놀이를 하곤 했다. 하지만 놀다가 늦은 시간에 하숙방으로 혼자 돌아올 때면 언뜻언뜻 인생에 대해 생각하게 되고 한두 시간씩 고뇌하다가 잠든 적이 있었다. 하지만 많은 경우에 마음이 쳇바퀴 돌면서, '인생의 의미가 무엇인지? 어떻게 살아야 하는지?'에 대한 해답을 찾지 못하고 답답함을 느끼다가 잠이 들었으며, 어떤 때는 인생의 무가치함에 슬퍼하였고, 어떤 때는 나름대로 의미를 부여해 보려고 노력하였지만 죽음 앞에서 근본적인 해결책을 발견할 수 없었다. 그러기에 인생의 허무함을 잊어버리고, 혹은 잊어버리려고, 세상의 여러 일에 휩쓸리며 친구들과 웃고 떠들며 시간을 보냈다. 지난날을 돌이켜보면 행복해지려고 외적 조건을 갖추며 친구들과 즐겁게 지내려고 노력했지만, 마음 안으로부터 우러나오는 진정한 기쁨이 없었으며, 마음속 깊이에는 항상 형용할 수 없는 깊은 슬픔이 있었던 것 같다.

생각해보기

1. 죽음에 대해 생각해 본 적이 있습니까?

2. 인생의 의미가 무엇이라고 생각합니까?

03
미국 유학

"

과학을 연구하여 자연을
정확히 알았다고 가정하자.
그때 얻은 결과가 무엇이지?
우주 전체를 설명하는
몇 개의 방정식이겠지.
그런데 그 방정식이
네 인생과 무슨 관계가 있지?

"

미국으로 유학을 가서 굉장히 열심히 공부하였다. 물리학을 택한 이유는 돈이나 직장 등의 이유가 아니라, 과학을 통해 자연을 알고 나를 알고 싶었다. 한국에서는 많이 놀았기에 학부 성적이 좋지 않았지만, 미국에 가서는 중학교 3학년 때부터 품었던 의문을 해결하기 위하여 고등학교 3학년 때처럼 공부에 집중하였다. 즉 생물학, 천문학, 물리학 등의 모든 학문을 통달하여 자연의 근본을 이해하고, 그것을 기초로 하여 나 자신이 어떤 존재인지를 살아 있는 동안 알아야겠다는 목표하에 열심히 공부했다. 덕분에 2년 후에는 좋은 대학으로 전학을 가서, 좋은 분을 지도교수로 삼게 되었다.

그 당시 지도교수가 준 연구과제는 컴퓨터를 사용해서 자료를 얻고 물리적 성질을 이해하는 것이었는데, 나는 그 당시에 컴퓨터도 잘 모르고 물리학적 개념도 잘 정립되지 않아 어려움을 겪었다. 교수님이 준 연구과제를 2년 동안 제대로 하지 못하면서, 어느 날 내 목표가 이루어질 것 같지 않다는 생각이 들었다. 어떻게 보면 시시한 물리학의 문제도 풀지 못하는 내가 일생 아무리 열심히 공부해도 자연의 근본을 알겠다는 목표는 이루어질 것 같지 않았다. 그런 생각이 들기 시작하니까 공부하기 싫어졌다.

사실 물리학을 선택한 것은 돈을 벌거나 직장을 얻기 위해서가 아니라 오로지 목표 때문이었다. 그런데 그 목표가 무너지니까, 더 이상 물리학을 해야 할 의미가 없어지면서 방황하기 시작했다. 중학교 3학년 때부터 마음속에 있어 온 허무주의를 억누르며, 인생을 아직 잘 모르고 학문을 깊이 연구하지 않았기에 속단을 내리면 안 된다고 스스로 타이르면서, 학문 연구에 소망을 걸었던 것이 사실이다. 그런데 이제 그 소망이 이루어질 수 없다고 느끼면서 삶을 지탱해 온 기둥이 무너지는 것이었다.

그러기에 나는 갈급한 마음으로 다른 인생의 목표를 찾기 시작했다. '앞으로 무엇을 위해 살 것인가?' 미국 도서관에 있는 한국 잡지 '샘터' 등을 읽으면서, 다른 사람들은 무엇을 인생의 가치로 보고 살아가는지 읽어보았다. 물론 많이 읽지는 못했지만, 인생의 가치로 사랑, 구제, 정의, 정직 등을 꼽는 것 같았다. 그런 글을 읽으면서 생각이 조금씩 바뀌기 시작했다.

'너는 학문을 통달하여 자연을 정확히 이해한 후에 인생의 의미를 알겠다고 목표를 정했지. 그런데 생각해 봐. 물론 어렵겠지만 과학을 연구하여 자연을 정확히 알았다고 가정하자. 그때 얻은 결과가 무엇이지? 우주 전체를 설명하는 몇 개의 방정식이겠지. 그런데 그 방정식이 네 인생과 무슨 관계가 있지? 그것이 네 인생에 의미와

가치를 부여하겠어? 네가 원한 것은 그것이 아니잖아. 네가 원한 것이 인생의 진정한 의미라면 방향을 잘못 잡은 거야. 과학을 연구함으로서는 원하는 해답을 얻을 수 없어.' 자연을 탐구함으로써 나 자신을 알겠다는 이제까지의 목표가 잘못되었음을 느끼면서, 전체적인 방향 수정과 함께 사랑, 정의와 같은 가치들을 생각하기 시작했다.

이렇게 새로운 삶의 목표를 묵상하며 몇 달을 지내는데, 어느 날 이런 생각이 들었다. '만약 죽음이 끝이라면, 사랑과 정의가 무슨 의미가 있지? 정말 우리가 죽은 후에 완전히 사라져 버린다면, 구태여 아등바등 남을 위해 희생하며 올바르게 살려고 노력하는 것이 무슨 의미가 있지?' 죽음이란 벽 앞에서 사랑과 정의가 절대적인 의미를 주지 못하는 것 같았다. 그 후로는 인생의 허무함이 다시 마음을 덮으면서, 절망의 늪으로 빠져 들어갔다.

생각해보기

1. 당신은 어떤 인생의 목표를 가지고 있습니까?

2. 당신의 목표는 죽음이란 문제를 해결합니까?

04
하나님을 향한 절규

"
하나님,
도대체 이게 뭡니까?
살다가 죽으면
아무것도 없이 사라져 버리고,
이게 장난입니까?
도대체
나를 왜 만들었어요?
"

이렇게 일 년 이상 방황하던 중에 그날도 일기장을 펴놓고 인생에 대해 고민하다가 인생이 너무 허무하고 비참하다는 생각이 밀려오면서, 눈물을 흘리며 하나님을 향하여 약간의 분노와 함께 절규하였다. '하나님, 도대체 이게 뭡니까? 살다가 죽으면 아무것도 없이 사라져 버리고, 이게 장난입니까? 도대체 나를 왜 만들었어요?'

그 당시에는 하나님의 존재에 대한 믿음이 전혀 없는 상태이었는데도 불구하고 순간적으로 이 말이 튀어나왔다. 그러면서 허공을 향해 간절히 부르짖는 것이었다. '하나님, 날 좀 건져주세요. 이 구렁텅이에서 날 좀 구해주세요.' 깊은 허무감 속에서, 손을 허공에 쳐들고 눈물을 흘리면서 부르짖었다.

그 당시 나는 지푸라기라도 잡고 싶었다. 마음속에 자리 잡은 유물론, 그로 인한 무가치함, 나는 이것이 정말 싫었고, 그래서 새로운 존재의 의미를 인생에 부여하고 싶었지만, 어디에서도 찾을 수 없었다. 죽을까 생각했지만, 막상 죽으려고 하니까 죽기는 싫었고, 그렇다고 붙잡을 것은 없고 그래서 허우적거렸다.

어떤 때는 '나 자신을 세뇌해서라도 종교에 빠져볼까? 기독교를 믿어보고 안 되면 불교를 믿어보고, 이렇게 종교를 섭렵하다가 아무 종교도 안 믿어지면 그때 죽을까?'라고 생각했다. 그때 나는 이 세상에 유물론을 능가하는 진리가 있다면, 내 삶에 가치를 주며 허무를 이기는 가능성이 있다면, 그것이 맞을 확률이 단지 1%라 하더라도 삶을 전부 바치겠다고 생각했다. 그 당시 유물론을 절대적인 진리로 믿고 있었기에, 그 속에서 신음하면서 빠져나올 길을 발견할 수 없었다. 지금도 나와 같은 사람이 많이 있다고 본다. 특히 공부를 많이 한 지성인일수록 더욱 그렇다고 생각된다.

얼마 후 지도교수가 미국의 일류 대학에서 컴퓨터로 연구하는 교수와 대학원생들이 모이는 소규모 학회에 3명의 대학원생을 데리고 갔는데, 내가 중간이고 선배는 독실한 기독교인이었다. 그런데, 학회 중 저녁 시간에 선배의 제안에 따라 나와 후배가 있는 방에서 여러 대학원생이 모여 기독교 신앙을 나누었다. 하버드와 코넬과 같은 일류 대학의 대학원생이 학회 중에 그런 모임을 하는 것 자체가 도전되었고, 그 당시 너무 방황했기에 흥미롭게 들었다. 마지막에 내가 "나도 하나님을 믿고 싶은데, 잘 믿어지지 않는다. 하나님의 존재를 논리적으로 증명해 달라."고 질문하니까, 갑자기 조용해졌다. 그리고는, 잠시 후 모임을 주최한 선배가 '26년간의 체험'이라고 말했고, 나는 그 말을 듣고 실망했다.

그 모임이 끝날 때, 함께 기도하는 시간을 가졌다. 그런데 기도를 순서대로 하는 것이 아니라, 감동이 생기는 대로 하였다. 즉, 한 사람이 기도하면 모두 가만히 몇 초 정도 기다리다가, 누구든지 감동이 생기면 기도하였다. 그때 내 마음에 자꾸 기도하고 싶은 마음이 생겨나서, '하나님을 알고 싶고, 만나고 싶습니다.'라는 간단한 기도를 하였다. 영어로 몇 마디 한 기도였지만, 나의 진실한 마음이 담겨 있었다. 그런데 그 모임이 끝난 후, 왠지 내 마음이 기쁘고 즐거웠다. 며칠 후 선배와 함께 차를 타고 가는 중, 내 나름대로 하나님의 존재에 대해 이야기하니까, 선배는 성경을 읽어보았느냐고 질문했다. 부끄럽게도 나는 그 당시 교회는 다녔지만, 그때까지 성경을 읽어본 적이 없었다. 그래서 '없다'라고 하니까, '그러면 성경을 읽고 나서 토론하자'라고 해서, 약간의 부끄러움을 느끼면서 더 이상 말을 못 했다.

얼마 후 학기를 마치고 한국 유학생들이 모여 식사하였다. 남자들은 집 밖에서 고기를 구워 먹으며 이야기하는 중 종교 토론을 했는데, 내 옆에 앉은 선배가 교회 다니는 사람들은 모두 결국 안 다니게 될 것이라고 말해서, 화가 나서 교회 안 다니는 사람은 결국 다니게 될 것이라고 말했다. 그러니까, 선배가 "교회 다니는 사람은 성경을 안 읽어서 다니지, 읽으면 절대로 다니지 않는다"라고 말했다. 그런데 그 말이 내 마음을 찔렀다. 나도 교회를 다녔지만, 성경을 읽지 않았기에 반박할 수 없었다.

두 사람으로부터 성경을 읽지 않은 것에 대한 지적을 받았기에, 1985년 여름방학에 매일 5시간씩 성경을 읽기 시작했다. 그런데 예상외로 그 내용이 재미있었다. 오랫동안 죽음의 문제를 생각하였고 이 세상의 소망이 끊어져서인지, 예수님의 대담한 선포들과 기적들이 쉽게 믿어지지는 않았지만 신기했으며, 다른 곳에서는 접해보지 못했던, 상상을 초월한 세계가 기록되어 있기에 정신없이 성경 읽기에 빠져들었다.

그러다가 처음 감동받은 부분은 예수님이 죽는 장면이었다. 예수님이 십자가에서 죽으면서, '아버지여, 저희를 사하여 주옵소서. 자기의 하는 것을 알지 못함이니이다'라고 자기를 죽이는 사람들을 용서하는 장면을 읽으면서 감동받았다. '어떻게 이분은 죽어 가면서, 조금 있으면 죽는데, 죽이는 사람을 용서할 수 있을까?' 조금 더 읽으니까, 스데반도 돌에 맞아 죽으면서 자기를 죽이는 자를 용서하였다. 중학교 3학년부터 내 마음을 누른 것이 죽음의 문제이었으므로 더욱 감동되었다.

생각해보기

1. 하나님의 존재에 대해 생각한 적이 있습니까?

2. 당신은 인생의 절망적인 상황에서 어떻게 합니까?

05
단번에 믿은 영의 세계

> "
> '우리에게
> 썩어질 몸이 있을 뿐만 아니라
> 썩지 아니하는 영혼이 있다'라는
> 구절이 있었다.
> 그런데 그날따라
> 그 구절을 읽는데
> 눈물이 글썽거렸다.
> "

이렇게 성경을 읽기 시작한 지 약 2주일쯤 흘렀을 때, 그날도 오후에 성경을 읽으려고 책상에 앉았다. 그런데, 그 당시 컴퓨터 프로그램을 하루 종일 만들어야 하고 밤 1~2시에 잠을 자기에, 눈이 충혈되어 눈을 뜰 수가 없어서, 일인용 소파에 앉아 낮잠을 잤다.

잠을 자다가 일어나야지 하다가 다시 잠드는 것을 두세 번 반복한 후에 갑자기 내려다보는데, 발과 손 뿐 아니라 소파에 앉아서 잠든 온 몸이었다. 처음에는 '야, 신기하다. 온몸을 내려다보고 있네'라는 생각이 들었다. 그리고는 '아! 이게 죽는구나. 죽는 것이 이런 거구나'란 생각이 들었다. 그런데 그다음 순간 '누군가 소파에서 죽은 내 모습을 발견하겠구나'라는 생각이 들자, 현실로 다가오면서 '죽으면 안돼. 다시 몸으로 돌아가야 해.'라고 하면서 정신을 차렸다. 깬 후에 너무 실감이 나고 꿈인지 생시인지 몰라서 베란다로 나가서 바깥의 풍경도 쳐다보았다.

그리고, 다시 책상에 앉으니까, 일기장이 펴져 있고 일기장에 영혼이란 단어가 크게 적혀 있었다. 성경에 영혼이란 단어가 자꾸 나오는데, 무슨 의미인지 생각하다가 낮잠을 잔 것이다. 조금 전의 사건이 있어서인지 영혼에 대해 무언가 알 수 있을 것 같아 펜을 들었는데, 막상 적으려고 하니까 전혀 생각이 나지 않아 성경책을 읽기 시작했다. 몇 구절 읽었을 때, '우리에게 썩어질 몸이 있을 뿐만 아니라 썩지 아니하는 영혼이 있다'라는 구절이 있었다.

그런데 그날따라 그 구절을 읽는데 눈물이 글썽거렸다. 참고 성경을 읽는데, 몇 구절이 지나서 다시 똑같은 내용이 적혀 있었다. 그런데 그 부분을 읽을 때 눈물이 줄줄 흘러내렸으며, 얼굴을 손으로 감싸고 실컷 기쁨의 눈물을 흘렸다. 그리고는, 너무 기뻐서 옆으로 가서 껑충껑충 뛰기도 하다가 일기장에 크게 적었다. '우리에게 두 개의 생명이 있다. 육신의 생명과 영원한 생명이 있다.' 불과 1달 전에 하나님을 향하여 절망의 눈물을 흘리던 바로 그 책상에서 이제는 기쁨의 눈물을 흘리고 있었다.

이 일은 내 삶에서 가장 기쁜 사건이었다. 하늘을 날 것만 같은 기쁨이 넘쳐흘렀다. 마치 캄캄한 지하 감옥에 몇십 년간 갇혀 있다가 풀려나는 것 같은 기분이었다. 기쁨 속에서 삼일 정도 지내니까, 어느 정도 감정이 가라앉기 시작했다.

그때부터 이성적으로 생각하기 시작했다. '왜 그동안 영혼이 있다고 전혀 생각하지 못했지? 내가 제대로 가고 있는가? 10년 이상 과학을 공부했는데, 그동안 받아 왔던 교육 즉 과학과는 일치하는가? 현실과 일치하는가?' 마음에는 단번에 영혼의 실존에 대한 믿음이 있었지만, 내 이성은 정말 진리인지 확인 작업을 시작했다.

생각해보기

1. 영의 세계에 대해 생각한 적이 있습니까?

2. 우리에게 영혼이 있다고 생각합니까?

06
마음에 대한 해석

> 지난날
> 내 삶을 캄캄하게 만들었고,
> 난공불락의 진리로 여겼던
> 유물론이 확실한 증거가 없는
> 가설이라는 것을 알면서,
> 어찌 그리 기뻤는지요.

그때까지 왜 영혼의 실존에 대해서 전혀 알지 못했는가를 분석해 보니까, 나는 사람의 마음을 다르게 해석하고 있었다. 먼저 마음을 정의하면, 마음은 생각하고 말하고 듣는 주체이다. 즉 이 글을 생각하고 적고 있는 주체가 내 마음이며, 이 글을 읽고 있는 주체가 당신의 마음이다. 인간은 모두 마음을 가지고 있다. 그런데, 내가 중학교 3학년에 적었던 글의 절반 이상이 마음과 두뇌의 관계이었으며, 마음은 두뇌로부터 생겨난다고 보았다. 그러기에, 마음은 실존이 아니고 죽으면 사라져 버리는 신기루와 같다고 생각했다. 그래서 나는 중학교 3학년부터 죽으면 끝이라고 생각했고, 철저한 유물론자가 되었다.

그러면 내가 왜 그렇게 믿게 되었는가를 분석해 보니까, 첫째는 교육의 영향인 것 같다. 교육을 통하여 마음이 두뇌에 의해서 생겨난다는 것이 확실한 증거를 가진 것처럼 반복적으로 가르쳐지기 때문인 것 같다. 두 번째 이유로는, 마취하거나 혹은 교통사고 등의 이유로 두뇌의 일부에 손상이 생겼을 때 정신적 장애가 나타나는 것을 보면서 아무런 의심 없이 진리로 믿은 것 같다.

하지만 그 사건 후, 영혼이 있다고 전제하고, 마음이 설명되는지를 생각했다. 그 당시 나는 컴퓨터를 많이 사용하였기에, 비유로서 컴퓨터를 생각해 보았다. 두뇌를 포함한 몸을 컴퓨터라고 가정하고, 컴퓨터를 사용하는 사람(사용자)을 영혼이라고 가정해 보자. 그러면 컴퓨터와 사용자가 연합하여 작업을 한다. 그런데, 키보드 또는 CPU 등에 문제가 생기면 장애가 생긴다. 이때 어떤 사람이 와서, "키보드가 망가지니까, 장애가 생기지. 그 기능은 이 키보드가 하는 거야. 사용자는 없어."라고 말했다면, 정말 사용자 없이 컴퓨터가 모든 것을 해서 그런 문제가 생길 수 있지만, 컴퓨터와 사용자가 연합해서 작업을 하더라도 컴퓨터 일부가 망가지면 장애가 생긴다.

따라서, 이 이유만으로 사용자가 없다고 말할 수 없다. 마찬가지로, 두뇌의 일부분이 손상을 입었을 때 정신적 장애가 생긴다는 이유로, 영혼이 없다고 말할 수 없다. 왜냐하면 100% 두뇌에 의해 마음이 생겨날 때도 그런 현상이 나타날 수 있지만, 영혼과 몸이 연합하여 인격적 활동을 할 때도 똑같은 현상이 생겨나기 때문이다. 따라서 두뇌 손상에 의한 정신적 장애만으로 영혼이 존재하지 않는다고 결론지을 수 없는데도 불구하고, 너무도 단순하게 믿어온 것이다.

최근에 많은 분이 뇌과학을 연구하고 있다. 왜냐하면, 두뇌는 우리 자신의 문제이면서 신비롭기 때문이다. 뇌과학을 많이 연구하지만, 분명하게 밝혀진 과학적 사실은 두뇌의 일부분이 손상을 입으면 특정한 장애가 생긴다는 것뿐이며, 그 이상은 모른다. 우리가 어떻게 판단하는지, 감정은 어떻게 생기는지, 기억은 어떻게 하는지 등에 대해 정확하게 아는 것이 없다. 그러기에 과학적 사실 자체는 영혼이 있다, 없다, 말하지 않는다. 그러기에, 과학 자체는 영혼의 존재 여부에 대해 중립이다. 그렇지만, 과학자는 중립이 아니다. 왜냐하면, 불행하게도 대다수 과학자는 영적 체험이 없는 유물론자이기 때문이다. 과학자들은 마음이 두뇌에 의해 생겨난다고 가정하고 논문을 쓰고 대학에서 가르치며, 또한 그것을 요약해서 중고등학교에서 가르친다. 그리고는, 그것을 문화로 만든다.

나는 어릴 때 SF 영화를 좋아했다. 그런데 SF 영화 중에 두뇌를 조작해서 마음을 조작하는 영화들이 많았다. 그런 영화들은 마음이 두뇌에 의해 생겨난다는 유물론을 옳다고 믿게 만든다. 그래서, 우리도 모르는 사이에 교육과 문화를 통해 유물론으로 세뇌되고 있었다.

이 세상에서 가장 강력한 종교는 유물론이라고 본다. 왜냐하면 학교에서 가르치기 때문이다. 유물론은 공산주의 국가에서만 가르치는 것이 아니고, 자본주의 국가, 즉 유럽과 미국 등에서도 가르친다. 그래서인지 경제적으로 부강해지고, 교육 시스템이 잘 만들어질수록, 자살률과 범죄율과 이혼율이 증가한다. 이상하지 않는가? 잘 살아지고 교육을 열심히 할수록, 왜 사회 문제가 더 많아질까? 해답은, 교육을 통해서 인간의 존재 가치를 파괴하기에, 사회 문제가 더 많아지는 것이다.

아무튼, 그 당시 영혼이 있다는 것으로도 마음이 설명된다는 것을 깨닫고, 소망을 발견하였다. 나는 그전까지 아무런 소망이 없었고, 죽으면 끝이라고 생각했다. 그런데, 내 마음을 지배하였던, 유물론적 논리가 단숨에 무너지기 시작했다. 지난날 내 삶을 캄캄하게 만들었고, 난공불락의 진리로 여겼던 유물론이 확실한 증거가 없는 가설이라는 것을 알면서, 어찌 그리 기뻤는지요. 나는 그때까지 외적으로는 부족함이 없었다. 공부를 못한 것도 아니었고 계속 일류를 향하여 승승장구 올라가고 있었다. 이렇게 겉모습은 화려했지만, 속마음은 자신의 가치를 발견하지 못하고 허무와 절망 속에서 자살을 생각하기까지 했던 나에게 한 줄기 빛이 비쳤다. 그래서 칠흑과 같이 캄캄했던 마음 안으로 비추어진 그 빛을 향하여, 혹시 참 빛이 아니면 어쩌나 하는 약간의 떨림과 함께 조심스럽게 나아갔다.

생각해보기

1. 우리 마음의 기원에 대해 생각한 적이 있습니까?

2. 죽으면 끝이라는 유물론에 우리가 세뇌되고 있다고 생각하지 않습니까?

07
하나님을 만나자

> 마음 한구석에
> 하나님께서 안 계시면
> 어떡하나 하는 두려움이 있었다.
> 하지만 기도가 한 번, 두 번
> 응답될 때마다
> 응답에 대한 감격이 터져 나오며,
> 그 감격이 믿음으로 변해 갔다.

여름방학 때부터 영의 세계에 대해 공상을 하다가, 11월경에 이런 생각이 떠올랐다. 남들에게 영혼이 있다고 전하기 위해서는 좀 더 증거가 필요하다. 왜냐하면 마음이 영혼과 몸의 연합으로도 설명되지만, 영혼이 없다는 것으로도 설명이 가능하기에, 100% 영혼이 있다고 말할 수 없는 것 같았다. 그리고, 언젠가 죽음 앞에 서게 되고 죽음이 점점 다가오는 그날이 올텐데, 영혼이 100% 있다는 확신이 없이, 영혼이 있을 것 같다는 논리만 가지고는 죽음 앞에서 흔들릴 것 같았다. 그래서 영혼이 있다는 100% 확실한 증거를 가져야겠다고 생각했다.

그러다가 이런 생각이 떠올랐다. '자신을 분석해 보아도 영혼의 존재 여부를 판가름하는 논리는 있을 수 없고, 영혼에 대한 객관적 증거를 가지려면, 성경에 하나님께서 계신다고 기록되어 있는데 하나님을 만나봐야겠다.'

왜냐하면 하나님은 영이시며 영혼도 영이니까, 만약 하나님이 계신다면 영의 세계가 정말로 존재하는 것이고, 그렇다면 내 안에도 영인 영혼이 존재할 수 있기 때문이다. 그래서 1985년 마지막 날 일기장에 '1986년의 목표로 하나님을 만나자.'라고 적었다.

1986년부터 하나님이 계신지를 알기 위해 기도를 시작했다. 기도한 것을 소개하면, 내가 있던 캠퍼스는 좁아서 주차하는데 어려움이 많았다. 물리학과 건물 옆의 주차장은 아침 9시 반만 넘으면 꽉 차버렸다. 그렇지만 밤 1시까지 공부하다가 일어나서 이것저것 하다 보면 9시 반이 넘게 되고, 수업이 10시에 있을 때 물리학과 건물 옆에 주차하지 않으면, 멀리 있는 주차장으로 가야 하기에 지각하게 된다. 그래서 운전하고 가면서 물리학과 옆에 주차 공간을 달라고 기도하였다.

그때 이렇게 기도했다. '하나님, 주차 공간이 있고 없고가 중요한 것이 아니고, 지각하고 안 하고가 중요한 것이 아니고, 하나님 정말 살아 계시면 이 기도를 응답해 주셔서 나로 하여금 하나님 살아 계심을 알게 해 주십시오.' 이것은 솔직한 심정이었다. 기도 응답보다도 하나님을 만나고 싶었다. 그때 정말 진심으로 기도하였다. 하나님께서 이 기도를 기뻐하셨는지, 놀랍게도 기도가 응답되기 시작했다. 보통은 그 시간에 주차공간이 없는데, 그렇게 기도하고 가면 전혀 없을 것 같은 주차장의 구석에 한 자리가 비어 있었고, 또 어떤 때는 신기하게 눈앞에서 주차했던 차가 나가기에 그 자리에 주차하기도 했다.

아무튼 신기하게도 기도가 응답 되기 시작했다. 한 번, 두 번, 다섯 번, 열 번 … 기도는 어김없이 응답되었고, 전혀 믿음이 없었던 마음속에서 자연스럽게 하나님의 살아계심에 대한 믿음이 자라나길 시작했다. 사실 처음 기도할 때는 간절하게 하면서도, 마음 한구석에 하나님께서 안 계시면 어떡하나 하는 두려움이 있었다. 하지만 기도가 한 번, 두 번 응답될 때마다 응답에 대한 감격이 터져 나오며, 그 감격이 믿음으로 변해 갔다.

그리고 두 달쯤 후에는 믿음이 자라서, 기도할 때 전혀 두려움이 없고 오히려 응답될 것이라는 확신이 들었다. 그리고 가면 정말 응답이 되었다.

생각해보기

1. 기적과 같은 신비로운 체험을 한 적이 있습니까?

2. 하나님의 존재 여부를 확인하려면 어떻게 해야 합니까?

08
박사 그리고 교수

> 기도를 한 이유는
> 하나님께서는 이렇게 기도하면
> 틀림없이 응답하실 것 같았고,
> 그러면 교수직을 구하는
> 문제를 통해서도
> 하나님의 살아계심을
> 체험하리라는 기대 때문이었다.

연구에 대해 소개하면, 박사 논문에 관한 연구는 순탄치 않았다. 지도교수를 정해서 연구를 시작하고 얼마 후부터 슬럼프에 빠지면서 연구가 잘되지 않다가 컴퓨터 프로그램이 1986년 3월에야 완성되었다. 그런데 그 프로그램을 실행시키니까 원하는 결과가 나오지 않았다. 컴퓨터로 구한 결과와 다른 방법으로 구한 결과가 일치해야만 박사 논문감이 되는데, 컴퓨터의 결과가 기대보다 작게 나왔다. 오랫동안 프로그램을 만드는데 시간을 투자했는데, 결과가 제대로 나오지 않았기에 심각한 문제였다.

하지만 신기한 것은 오히려 기도할 제목이 생겼다고 내심 기뻐하는 것이었다. 기도한 후에 생각나는 대로 열심히 해보았더니, 정말 며칠 내로 컴퓨터로 구한 결과와 다른 결과가 일치하게 되었다. 그리하여 연구 결과는 학문적 의미를 가지게 되고, 박사 논문감이 된 것이다.

또 다른 커다란 기도 제목은 직장을 구하는 것이었다. 그런데 그 당시 교수가 되기 위해서는 빽이 있든지 뇌물을 주어야 한다는 소문이 있었다. 그런 말을 들었을 때 이런 생각이 들었다. '성경에 보면 하나님은 공의롭다고 하는데, 직장을 구하는 문제를 통해서 하나님을 만나봐야겠다.' 그래서 이렇게 기도했다. '하나님, 절대로 불의한 방법을 쓰지 않겠습니다. 하나님께서 구해 주십시오. 직장을 못 구해서 대학원생으로 남아 있더라도, 불의한 방법을 쓰지 않겠사오니 하나님께서 구해주세요.' 이런 기도를 한 이유는 하나님께서는 이렇게 기도하면 틀림없이 응답하실 것 같았고, 그러면 교수직을 구하는 문제를 통해서도 하나님의 살아계심을 체험하리라는 기대 때문이었다.

그 당시 마음에는 교수직보다도, 아니 이 세상의 어떤 것보다도, '하나님께서 정말 계신가?'라는 문제가 가장 중요하였고, 살아있는 동안에 하나님을 만나는 것이 제일 중요하다고 생각했다. 혹시 이 글을 읽는 분이 내 믿음이 좋다고 오해할까 우려가 되어 적는데, 그런 간절한 마음을 가진 이유는, 불과 얼마 전만 해도 인생에서 소망을 전혀 발견하지 못하고 절망하며 한때는 일찍 죽을까 생각까지 하였기에, '하나님께서 정말 살아계신가?'라는 문제는 인생의 가치와 존재 의미를 결정하는 너무나 소중한 문제였기 때문이다. 정말 이 세상의 어떤 것보다도 하나님의 살아계심이 가장 소중하다고 본다. 지금도 그 생각에는 변함없다. 직장을 구하는 과정을 상세히 기록할 수는 없지만, 하나님의 은혜로 너무 순탄하게 진행되었다. 5월경에 한국을 방문하여 알아보았는데, 부산대학에서 8월경에 교수 공채가 있다는 말을 들었다. 그런데 공채에 응모하려면 박사 학위가 있어야만 가능하였다. 그래서 박사 논문을 두 달 만에 쓰기 위하여, 미국에 돌아와서는 논문 작성에 몰두하였다. 밤을 새워가며 썼으며, 결국 1986년 8월에 박사 학위를 받게 되고, 또한 부산대학에 응모하여 10월에는 교수 채용이 확정되었다.

생각해보기

1. 당면한 현실 문제를 해결해 달라고 하나님께 기도하면, 하나님의 존재 여부도 알 수 있고, 문제도 해결되지 않겠습니까?

2. 하나님의 존재 여부를 기도로 확인해 볼 마음은 없습니까?

09
살아 계신 하나님

> "
> 하나님이 계신다면
> 나는 영혼을 지닌,
> 죽음 이후에도
> 죽지 않는
> 영원한 존재인 것이다.
> 더 이상 무엇을 바랄 것인가?
> "

교수 채용이 확정되었다는 소식을 듣고, 한국으로 돌아오는 비행기에서 엄청난 기쁨을 느꼈다. 1986년 초만 해도 연구 결과가 하나도 없던 대학원생이 10개월 만에 교수로 변화되니까 얼마나 기쁘겠는가. 하지만 그것보다도 더 기쁘게 한 것은 기도 응답 자체였다. 오랜만에 비행기 의자에 앉아 쉬는 시간을 갖게 되어서, 지난 몇 개월 동안 응답을 받았던 기도들을 회상해 보았다.

정말 하나님은 지난 10개월 동안 내가 했던 모든 기도를 응답해 주셨다. 유물론자이었던 나를 믿게 만드시려고, 하나님께서 사소한 것에서부터 큰 것까지 거의 백 번에 가까운 기도를 연속적으로 빠짐없이 응답해 주었다. 비행기 좌석에 앉아서 기도 응답을 하나하나 묵상하다 보니까, 어느 한순간 갑자기 앞에서부터 시원한 바람이 불어오는 것 같은 느낌이 드는 동시에, '야! 정말 하나님이 살아 계시구나!'라는 믿음이 마음으로 밀려 들어왔다. 하나님께서 정말 살아 계신다는 믿음의 감격이 넘치면서, 너무 기뻐서 가만히 앉아 있을 수 없어 비행기의 복도를 왔다 갔다 하였다.

하나님이 살아 계시고, 그분이 모든 기도를 응답해 주시고, 더 중요한 사실은 하나님이 계신다면 나는 영혼을 지닌, 죽음 이후에도 죽지 않는 영원한 존재인 것이다. 더 이상 무엇을 바랄 것인가? 중학교 때부터 고민하던 죽음의 문제가 해결된 것이다. 마치 온 세상을 얻은 것 같은 기쁨이었다.

불과 일 년 전만 해도 허무주의자였던 내가 완전히 뒤집어진 것이다. 이 기쁨을 전하고 싶었다. '한국에 가면 이 진리를 전파하리라. 아직도 유물론과 허무주의에 매여 고통받는 많은 사람이 있을 텐데, 이 비밀을 전하여서 우리가 그런 존재가 아니고 영원한 생명을 지닌 존재라는 것을 알게 하리라.'

이 일이 지금부터 38년 전에 있었던 일이다. 하지만 38년 전이나 지금이나 변함없는 것은 하나님께서 살아 계시고 우리에게 영혼이 있다는 진리가 주는 기쁨이다. 이 진리는 나의 삶의 의미요, 원동력이요, 기쁨이요, 죽는 날까지 전해야 할, 하나님께서 맡겨 주신 진리이다. 가끔 어렴풋이 잠이 깨어 누워서 영생을 묵상하다 보면, 너무 신기해서 내 살을 꼬집기도 한다. 이것이 정말 현실인가? 내가 영원히 살다니! 죽은 후에 하나님 곁에서 지낼 생각을 하면 마치 구름 위를 걷는 것 같다.

하지만 이 진리는 내가 만들어낸 것도 아니고, 사람으로부터 배운 것도 아니고, 하나님께서 친히 지난 내 삶을 통하여 반복적으로 나에게 확인시켜 주신 진리이다. 그러기에 이 진리는 나의 진리가 아니라 하나님의 진리이며, 나는 전달자에 불과하다. 이 진리가 어찌 나에게만 적용되겠는가!

이 땅에 있는 모든 사람에게 적용되는 이 진리 안에서, 마땅히 누려야 할 기쁨을 같이 누렸으면 좋겠다. 모두 살아 있는 동안에 하나님과 동행하다가, 죽은 후에는 하나님 곁에서 영생을 누리길 소원한다. 할렐루야!

<추가> 교수가 된 후에 겪는 다사다난한 내용은 2부에서 적도록 하겠다. 하나님의 존재를 믿고 영혼의 존재를 믿으면 만사형통할 것으로 생각하였지만, 영의 세계로 들어가는 첫 단계이었다. 그렇지만, 이 땅의 어떠한 어려움도 우리 영혼이 누리는 영생의 기쁨을 이기지 못한다.

생각해보기

1. 우리가 죽음 이후에도 죽지 않는 영원한 존재라고 생각한 적이 있습니까?

2. 당신은 잘못된 미혹으로부터 탈출한 경험은 있습니까?

2부

1부에서는 유물론자였던 내가
어떻게 영의 눈을 떴는지를 적었으며,
2부에서는 영의 세계 속에서 살아가면서 겪었던
내 모습을 솔직하게 적었다.
영의 눈을 뜨고 믿음의 삶을 살려고 하지만,
실제 삶에서 어떻게 살아야 할지 몰라서 방황하는
초신자에게 읽기를 권장한다.

01
죄악으로부터 탈출

> 많은 사람은 하나님으로부터
> 사랑의 음성을 들었다고 하는데,
> 나는 하나님으로부터
> 책망의 음성을 들었으며,
> 아직도 그 음성이
> 내 마음에 쟁쟁하다.

1986년에 하나님을 간절하게 찾았던 나에게, 하나님은 10개월의 모든 기도를 들어주시며 단번에 교수로 만들어 주었다. 기쁨이 충만한 상태로 한국에 도착하였지만, 불과 1개월이 지나지 않아서 죄의 문제에 부딪히기 시작했다. 지금은 한국 사회가 어느 정도 나아졌지만, 그 당시에는 뇌물, 탈세, 거짓 등이 만연해 있었으며, 주위에서 한국에 살려면 그 정도는 죄를 지어야 한다고 압박을 가했다. 그리고 내 마음도 그렇게 해야만 할 것 같았다. 그렇지만, 죄를 짓고 나서는, 어떻게 하나님을 만났는데 죄를 짓는다고 자책하며 힘들어하였다. 그런데, 지금 뒤돌아보면, 당연한 일이었다. 비록 10개월간 기도 응답을 받기는 했지만, 그 당시 나는 성경 말씀도 모르고 기도할 줄도 모르고 전혀 영적인 기초가 없었기에, 세상에 나가면 백전백패이었다. 나에게 영적인 생명이 있기는 하였지만, 영적인 갓난아기이었다.

그러한 나에게 하나님은 은혜를 베푸셨다. 그것은 죄를 지을 때마다, 어김없이 바로 그 죄로 말미암아 어려움을 겪게 하셨다. 한 가지 예를 들면, 내가 국립대학인 부산대 교수이었기에, 공무원 신분으로 가족에게 의료보험 혜택을 줄 수 있었다. 한국에 와서 잠시 부모님과 함께 살았기에, 부모님께 의료보험 혜택을 주었다. 그러다가 1년 후에 아파트를 사서 독립하였다. 부모님께 의료보험 혜택을 계속 주고 싶었는데, 이사를 하고 3개월 후에 의료보험증을 갱신한다는 사실을 알았다.

그 당시의 법에 따르면, 부모님과 함께 살면 부모님께 의료보험 혜택을 줄 수 있지만, 따로 살면 혜택을 줄 수 없었다. 그래서, 일부러 주민등록을 새 아파트로 옮기지 않고 부모님 댁에 그대로 두었다가, 3개월 후 의료보험증을 갱신한 후 주민등록을 옮겼다. 아주 교묘하게 거짓을 행한 것이다. 그런데 약 3년 후 아파트를 팔고 부모님과 합치게 되었다. 그 당시에는 아파트에 3년 이상 살아야만 양도소득세 면제라는 혜택을 받을 수 있었다. 주민등록을 늦게 옮긴 것으로 인하여 양도소득세 혜택을 받지 못하고 상당한 세금을 내야 하는 상황이 되었다. 다행히 이웃들로부터 일찍부터 살았다는 인우보증서를 받아서, 결국 양도소득세 혜택은 받기는 하였다. 이처럼 하나님은 내가 잘못할 때마다, 반드시 그 일로 인하여 어김없이 어려움을 겪게 했다. 나를 향한 하나님의 특별한 사랑과 은혜이었다.

한번은 죄를 짓고 학교 연구실에 들어왔는데, 그때 해가 건물 사이로 떠오르고 있었다. 그런데, 내가 그것을 보면서 미소를 지었다. 마음을 졸이며 죄를 짓고는, 무사히 죄를 지었다는 마음인 것 같앉다. 그런데 그 순간, "내가 왜 이러지, 회개해야겠다"라는 생각이 들어서, 소파에 앉아서 "다시는 하지 않겠습니다"라고 회개 기도를 하기 시작하였다. 그런데 기도하는 중, 갑자기 내 마음에 엄중하게 "네가 다시 안 할 수 있느냐"라는 음성이 들렸다. 밖에서 들리는 것은 아니면서, 내 마음을 압도하는 묵직한 음성이었다. 다시 죄를 안 지을 자신이 없었기에, 그 순간 기도를 할 수 없었다. 그래서 무엇이라고 기도를 마무리했는지 모르겠다. 죄를 안 지으려고 노력하겠다고 했는지, 전혀 생각이 나지 않는다. 많은 사람은 하나님으로부터 사랑의 음성을 들었다고 하는데, 나는 하나님으로부터 책망의 음성을 들었으며, 아직도 그 음성이 내 마음에 쟁쟁하다.

그 당시 나에게 하나님은 잘못할 때마다 매를 드는 무서운 분이었다. 이제까지 하나님으로부터 수많은 기도 응답을 받은 것을 거의 모두 잊어버렸지만, 매를 맞은 것은 잊지 않고 기억하고 있다. 하나님은 매를 통하여, 나에게 정말 하나님이 살아계시고 나를 보고 있음을 실감하게 했다. 마치 고아가 부잣집에 입양된 후, 부잣집에 산다는 기쁨이 있지만, 오히려 불편함도 있는 것과 같았다. 어려울 때는 하나님이 있다는 것이 큰 기쁨이지만, 죄의 문제가 있을 때는 하나님이 나를 보고 있다는 것이 두려움이었다.

하나님은 내 죄를 어김없이 징계함으로써, 살아계신 하나님을 나의 마음에 각인하기 시작했다. 하나님의 징계가 두려워서 주위 사람으로부터 죄의 유혹이 올 때, 죄를 지으면 하나님으로부터 징계 받는다고 그분에게 사정하였으며, 그로 인하여 조금씩 죄에서 벗어나는 정직한 사람으로 변화되었다.

정직하게 행한 예를 몇 가지 소개하면, 한번은 중고 자동차를 산 후 보험을 들었는데, 보험을 하는 분이 차를 대신 등록해 주겠다고 해서, 정직하게 차량값을 신고하라고 당부하였다. 그런데, 이분이 직접 하지 않고 다른 사람에게 부탁했으며, 그 사람이 세금을 적게 내려고 차량값을 적게 신고하였다. 그래서, 차량등록소에 전화해서 차량값을 적게 신고했기에 다시 등록하고 싶다고 말하니까, 전화를 받는 분이 안 된다고 했다. 그렇지만, 내가 직접 차량등록소에 가서 말하니까, 순순히 다시 신고하도록 허락해 주었다. 약 10만 원 정도의 세금을 추가로 내고 나오는데, 내 마음에 엄청난 기쁨이 있었다.

이러한 기쁨은 경험하지 않은 분은 모른다. 아파트를 팔 때, 사는 사람이 계약서 가격을 낮추고 싶다고 해서, 낮춘 가격과 정직한 가격 사이의 세금 차이만큼 추가로 드리겠다고 하였다. 부모 땅에 건물을 지어 임대 사업을 하였는데, 임대 계약서를 정직하게 신고해서 주위 건물에 비해 월등하게 세금을 많이 내었으며, 나중에 정부로부터 상을 받았다. 한번은 소방서 직원이 와서 임차인들로부터 돈을 거두어갔다는 말을 듣고, 소방서에 전화해서 담당자를 바꾸어달라고 한 후, 이미 거두어간 것은 어쩔 수 없지만, 앞으로는 안 했으면 좋겠다고 말했다. 퇴근하고 오니까, 그 직원들이 입구에서 기다리다가 돈을 돌려주었다.

위에서 정직하게 산 예를 몇 가지 말했는데, 이러한 행동을 할 수 있었던 이유는, 하나님이 나를 보고 있다는 두려움이 있었고, 미국에서 6년을 살면서 미국인들의 정직한 삶을 보았기 때문이다. 그렇지만, 내가 완전히 죄에서 벗어난 것은 아니다. 여전히 내 안에 욕심이 있으며, 언제든지 죄에 빠질 위험이 있다. 지금도 한국 사회에서 정직하게 사는 것이 쉽지 않겠지만, 그래도 정직하게 살려고 애를 쓰면 충분히 살 수 있음을 말하고 싶어서 적었다. 또한, 정직한 삶은 엄청난 기쁨과 자부심을 주며 자녀로부터 존경을 받기에, 용기를 내어 정직하게 살아보길 권장한다.

생각해보기

1. 정직하게 사는 것이 불가능하다고 생각하지는 않습니까?

2. 정직하게 삶으로써, 기쁨을 누려보신 경험이 있습니까?

02
투병 생활의 은혜

> 나는 태어나서
> 처음으로 기적을 보았으며,
> 의심이 워낙 많아서
> 다른 사람이 말하면
> 안 믿었을텐데,
> 내가 소개해서 일어난 일이기에
> 믿지 않을 수 없었다.

죄를 짓는 나에게 하나님이 주신 또 다른 은혜는 질병이었다. 교수가 되고 8개월 후부터 간염 바이러스로 말미암아 간이 나빠지기 시작했으며, 즉시 죄에 대한 하나님의 징계임을 깨달았다. 그래도, 죄의 문제가 다가오면 죄를 이길 수가 없었다. 그래서, 내 안에서 두 마음이 싸웠다. 하나는 죄를 짓지 않고 하나님께 돌아가서 몸도 나아야겠다는 것이고, 다른 하나는 죄를 안 지을 자신이 없다는 것이었다. 어떤 날은 이쪽 마음이 이기고, 어떤 날은 다른 마음이 이겼다. 어머니는 자식이 부산대 교수가 되어서 기뻤지만, 얼마 지나지 않아서 자식의 건강이 안 좋아지니까, 어머니의 마음이 아팠다. 그래서, 어머니는 치유 은사가 있는 분을 수소문해서, 한 분을 소개해 주었다.

그 당시 부산대학병원에 입원해 있었는데, 치유 은사가 있는 분이 찾아와서 기도해 주었다. 기도를 받는 중에, 나만 기도 받을 것이 아니라 내 옆에 있는 환자도 기도를 받게 하고 싶다는 생각이 들었다. 2인실에 입원하였는데, 옆의 환자는 고등학생이었다. 기억이 정확하지 않지만, 그 환자는 척추결핵과 같은 병에 걸려서 입원해서 약을 반 알씩 먹다가 용량을 한 알로 늘리니까 갑자기 하반신 마비가 되었다. 하반신 마비가 된 지 한 달이 되어서, 다리를 절단해야 할지를 고민하는 상황이었다.

기도를 받은 후, 기도하는 분께 옆의 환자도 기도해 주면 좋겠다고 말하니까, 기도하는 분이 옆을 쳐다보았다. 그때 옆의 환자와 함께 그의 어머니도 있었다. 기도하는 분이 그 어머니에게 교회를 다니는지를 물으니까, 교회를 다니지 않는다고 답변했다. 기도하는 분이 기도를 받고 싶으신지를 물으니까, 기도를 받겠다고 하였다. 그래서, 기도하는 분이 학생을 엎드리라고 하고는 척추에 손을 얹고, 약 10분 정도 학생의 어머니에게 기독교에 대한 기본적인 내용을 설명하였다. 그 후, 환자를 위한 기도를 시작하였다.

이분은 기도를 크게 하지 않고, 조용하게 기도하는 분이었다. 그런데, 기도를 시작한 지 얼마 되지 않아서, 학생의 다리가 조금씩 떨리기 시작했다. 옆에서 보고 있는 나도 흥분되었고, 학생은 엎드려서 울었으며, 어머니도 너무 기뻐하였다. 나는 태어나서 처음으로 기적을 보았으며, 의심이 워낙 많아서 다른 사람이 말하면 안 믿었을텐데, 내가 소개해서 일어난 일이기에 믿지 않을 수 없었다. 내가 먼저 퇴원했으며, 다시 부산대학병원에 진료를 보러 갔을 때 물어보니까, 걸어서 퇴원했다는 말을 들었다.

이 일로 인하여 하나님은 병도 고치는 분임을 믿게 되었고, 간절하게 건강을 위해 기도하는 계기가 되었다. 그 후에도 기도하는 분이 내 집에 와서 몇 번 기도해 주었으며, 자신이 다니면서 고친 많은 사례를 말하였고, 그 말을 듣다 보니까 지금도 수많은 기적이 일어남을 알게 되었다. 그분은 기도하러 다니면서, 차 안에서 성경 읽고 기도하였으며, 어린아이처럼 순수하게 성경과 예수님을 믿고 있었다. 그래서, 어린아이처럼 예수님을 믿기만 하면 지금도 기적이 일어날 수 있음을 알았다.

이 와중에 내가 죄인임을 깨닫는 사건이 있었다. 한번은 부산대학병원에 입원해서 간염 바이러스를 억제하는 주사를 맞기로 하였는데, 21일 동안 매일 주사를 맞아야 했다. 그 주사약을 독일에서 생산하였으며, 나와 같은 환자에게 주사하였는데, 수요가 적어서인지 주사약을 자주 수입하지 않았다. 그런데, 하필이면 그때 주사약이 거의 품절이 되어, 가족들이 전국적으로 주사약을 수소문해서 찾았다. 주사약을 21개 구해야만 주사를 맞기 시작하는데, 구하기가 너무 어려웠다. 그래서, 나와 같은 병명으로 동일한 주사약을 구하는, 부산대학병원에 입원한 분의 조언을 구하였다. 그런데, 어느 날 갑자기 '그 사람도 주사약을 구하고 나도 구하는데, 내가 구한 약을 양보해서 그 사람이 주사를 맞을 수 있도록 하면 좋겠다'라는 생각이 들었다.

처음 그 생각이 들었을 때는 너무 좋은 생각이라고 기뻐하였다. 그런데, 전국에 알려서 약을 찾는 가족에게 그 말을 차마 할 수 없었다. 하루가 지나니까, 조금씩 생각이 변했다. 내가 먼저 21개를 구하면 어쩔 수 없이 내가 주사를 맞아야겠다고 생각이 바뀌었고, 점점 더 까다로운 조건과 일치하면 양보하겠다고 생각하였다. 실상은 양보하기 싫은 것이었다. 그런데, 어느 날 그 사람이 나를 찾아와서 그 약을 양보해 주면 좋겠다고 말했다. 그 사람이 나를 찾아오기 며칠 전부터 양보해야겠다고 생각하였기에, 당연히 양보해야 했다. 그런데, 나는 그 사람에게 그렇게 할 수 없다고 거절했다. 나에게는 그 사건이 너무 충격이었다.

나는 그때까지 나를 높이 평가하였다. 노력해서 마음을 먹은 대로 항상 성취하였기에, 마음만 먹으면 무엇이든지 할 수 있는 사람이라고 스스로 생각했다. 내가 진리를 알지 못해서 그렇지, 진리를 알기만 하면 그 진리를 위해 생명도 바칠 수 있는 사람이라고 생각했다. 그런데, 그 사건은 나 자신이 그러한 존재가 아님을 깨닫게 하였다. 나의 교만이 깨어지고, 연약함을 알게 되었다.

생각해보기

1. 기적을 직접 혹은 간접으로 체험한 적이 있습니까?

2. 자신이 마음만 먹으면 무엇이든지 할 수 있는 사람이라고 생각하지는 않습니까?

03
음란의 굴레에서 벗어나기

“

투병하면서는
악한 문화의 유혹에서
벗어나려고
TV조차 보지 않았으며,
오로지 성경 읽고
간증과 설교 등을 들으려고
노력하였다.

”

나는 성교육을 제대로 받지 못하고 자랐다. 내가 자랄 때는 음란한 문화가 만연되지 않아서, 고등학교의 일부 학생들만 나쁜 것을 접하였고, 대다수 학생은 건전하게 자라났다. 고등학생일 때, 어머니에게 아기가 어떻게 태어나는지를 물으니까, 어머니가 고민하다가 배꼽으로 태어난다고 말하였다.

대학교에 입학한 후, 하숙집의 대학 선배가 1학년들을 모아놓고, 아기가 어떻게 태어나는지를 아느냐고 질문하였다. 아무도 대답하지 않아서, 내가 배꼽으로 태어난다고 말하니까, 선배가 "이런 사람이 있다"라고 하면서, 음란잡지를 가져와서 보여 주었다. 한국에서 대학을 다닐 때 가끔 야한 영화를 보러 가곤 하였지만, 그 당시 영화는 요즘처럼 음란하지 않았다. 그런데, 미국에 유학을 가니까, 대학 캠퍼스 정문 근처에 대형 스크린으로 포르노를 보여 주는 영화관이 있었다. 공부할 것이 많아서 자주 가지는 않았지만, 중간고사 또는 기말고사를 치고는 포르노 영화관에 갔다.

2015년(29세) 여름방학에 성경을 읽다가 영의 눈을 뜨고 난 후에도, 시험을 치고는 포르노 영화관에 가고 싶었다. 그래서, 포르노 영화관에 돈을 내고 들어가는데, 영화관 안으로부터 여자의 신음

소리가 들려왔다. 그런데, 그날은 그 소리가 마치 짐승의 울부짖음 같이 들렸으며, 영화를 보는데 전혀 흥분되지 않았다.

그 후, 한국에 들어와서 투병 생활을 시작하였다. 한번은 누워 있는데, 갑자기 음란한 영상이 내 눈앞에서 돌아가기 시작하였다. 그래서, 무릎을 꿇고 회개 기도를 하였다. 그런데, 기도를 끝내고 누우면, 다시 음란한 영상이 눈앞에서 돌아갔다. 그래서, 다시 회개 기도를 하였지만, 끝내고 누우면 다시 음란한 영상이 생각났다. 이렇게 세 번을 하고 나니까, 비통한 마음이 들어서 누운 채로 기도하였다. "하나님, 나는 음란한 사람입니다." 누워서 기도하니까, 눈물이 내 귀로 흘러 들어갔으며, 그제야 음란한 영상이 멈췄다. 한국에 와서 음란한 것을 보지 않았음에도 불구하고, 음란한 영상이 마음에 떠오르지 않게 되는데 10년 이상의 시간이 걸렸다.

이처럼 음란을 끊는 것은 매우 어려웠으며, 젊은 시절에 간이 나빠지는 질병으로 투병하지 않았다면, 음란을 끊지 못했을지 모른다. 아무튼, 하나님의 은혜로 30대~40대를 질병으로 투병하면서 음란의 유혹에서 벗어날 수 있었다.

요즘은 영화를 볼 시간이 거의 없지만, 볼 기회가 있으면 제일 먼저 몇 세까지 보는 영화인지를 알아보고, '15세 관람가' 영화까지만 보고, 그 이상은 보지 않는다. 음란한 영상은 오랫동안 마음에서 생각나기에 조심하는 것이다.

투병하면서는 악한 문화의 유혹에서 벗어나려고 TV조차 보지 않았으며, 오로지 성경 읽고 간증과 설교 등을 들으려고 노력하였다. 현대에는 유물론으로 인간의 존재가치를 파괴하고는, 음란으로 유혹해서 허무와 무가치함을 잊게 만들고 자신을 뒤돌아보지 못하게 만드는 것 같다.

생각해보기

1. 음란물을 본 적이 있습니까?

2. 음란물을 끊기가 어렵다고 느낀 적이 있습니까?

04
의심과의 전쟁

> 기도 응답을 통해
> 하나님의 존재를 믿었지만,
> 15년 동안 철저하게
> 세상 교육을 받았기에,
> 그동안 교육받은 내용이
> 마음 안에 있으면서
> 믿음을 거부하였다.

한국에 들어와서 얼마 지난 후에, 중고등학교에서 배웠던 진화론을 어떻게 판단해야 할지 고민이 된 적이 있었다. 그러던 중 '창조론의 최전선'[1]이란 소책자를 읽었는데, 서울대 김해리 교수의 글이 있었다. 창조론은 비합리적일 것이라는 예상을 깨고, 과학적으로 진화론을 반박하는 내용이었다. 또한, 서울대 교수라는 사실이 더욱 신뢰성을 갖도록 만들었다. 그 후 여러 책을 읽으면서, 진화론의 기반이 매우 취약함을 알게 되었다. 아직도 진화론을 진리로 믿는 분이 있을 것 같아 간단하게 반박하면, 원자, 분자들이 우연히 모여서 인간으로 진화되었다고 가정하고, 그 진화 과정의 난이도를 보면, 전체 난이도의 90%는 원자, 분자가 모여 최초의 생명체가 되는 부분에 있다.

즉, 최초의 생명체가 인간이 되는 것보다, 원자, 분자가 모여 최초의 생명체가 되는 것이 훨씬 더 불가능하다. 최초의 생명체에 유전 정보를 담은 DNA와 다양한 단백질이 동시에 있어야만 증식하고 생명을 유지할 수 있다. 그 다양한 단백질에는 DNA 복제 과정에

---

[1] 너무 오래되어 제목에 대한 기억이 정확하지 않다.

필요한 효소, DNA 정보에 따라 단백질을 합성하는 리보솜의 구성물 등을 포함한다. 증식하고 생명을 유지할 수 있어야만, 최초 생명체로부터 인간까지의 진화가 가능하다. 진화론의 주장에 의하면, 최초 생명체의 경우에는, 굉장히 복잡한 생화학 물질, 즉 DNA와 다양한 단백질이 각각 별도로 우연히 만들어져야 하며, 또한 DNA에는 단백질에 대한 유전 정보가 있어야 한다. 굉장히 복잡한 생화학 물질인 DNA와 다양한 단백질이 각각 우연히 만들어지면서, 그 DNA에 독립적으로 우연히 생긴 단백질의 유전 정보가 있다는 것은 과학자의 눈으로 볼 때 진짜 불가능하다.

현대 과학은 최초의 생명체가 만들어지는 과정을 설명하지 못한다. 진화 과정의 90%가 진짜 불가능하기에, 과학자로서 진화론을 받아들일 수 없다. 내 전공이 컴퓨터 시뮬레이션이기에, 2,000년도부터 진화이론학자들이 만든 통계모형을 사용해서 진화 시간을 컴퓨터 시뮬레이션으로 계산하였다. 연구 결과를 국내외 학술 논문으로 발표하였으며, 논문에서 진화는 불가능함을 간접적으로 보였다.[2] 2,000년도부터 교수들은 매년 논문을 내어야만 교수직이 유지되고 승진할 수 있었기에, 진화론 연구는 내가 교수직을 유지할 수 있도록 하는 효자 역할을 하였다. 하나님을 위해 연구한다고 했지만, 실제로는 나 자신이 큰 축복을 받았다.

2 이광성·길원평. Calculation of the Relative Density and the Crossing Time through the Fitness Barrier in an Asymmetric Sharply-Peaked Landscape/ International Journal of Modern Physics C. 2007;18(12):1985-1996; 이광성·길원평. Dependence of the Crossing Time on the Dominance Parameter in a Diploid, Symmetric, Sharply-Peaked Landscape. Journal of the Korean Physical Society. 2008;52(6):1918~1926; 길원평. Fixation Probability and the Crossing Time in the Wright-Fisher Multiple Alleles Model. Physica A: Statistical Mechanics and its Applications. 2009;388(15-16):3124~3132; 길원평. Modified Fixation Probability in Multiple Alleles Models in the Asymmetric Sharply-Peaked Landscape. Journal of The Korean Physical Society. 2009;55(2):709~717; 길원평. Dependence of the Crossing Time on the Sequence Length in the Wright-Fisher Multiple Allele Model. Journal of The Korean Physical Society. 2010;57(1):192~199; 길원평. Dependence of the Crossing Time on the Sequence Length in the Continuous-time Mutation-selection Model. Journal of The Korean Physical Society. 2010;57(2):287~295, 길원평. Crossing Time through the Fitness Barrier in an Asymmetric Multiplicative or Additive Landscape in the Mutation-Selection Model. International Journal of Modern Physics C. 2011;22(11):1293~1307; 길원평. Growth Behavior of Additional Offspring with a Beneficial Reversal Allele in the Asymmetric Sharply-peaked Landscape in the Coupled Discrete-time Mutation-selection Model. Journal of The Korean Physical Society. 2013;62(1):172~180; 길원평. Computer Simulation for the Crossing Time in a Diploid, Asymmetric, Sharply-peaked Landscape in the Infinite Population Limit. International Journal of Modern Physics C. 2013;24(1):1250091-1~1250091-13; 길원평. Growth Probability of an Additional Zygote with a Beneficial Reversal Allele for the Overdominant Case in a Diploid, Coupled, Discrete-Time, Mutation-Selection Model. New Physics: Sae Mulli. 2015;65(9):938~946; 길원평. Computer Simulation for the Growing Probability of Additional Offspring with an Advantageous Reversal Allele in

그 당시 나에게 있었던 큰 문제 중 하나는 성경에 대한 의심이었다. 하나님의 살아계심을 믿고, 영혼이 있음을 믿었지만, 성경 말씀이 믿어지지 않았다. 성경 말씀을 읽으면, 바로 의심이 마음에 떠올랐다. 기도 응답을 통해 하나님의 존재를 믿었지만, 15년 동안 철저하게 세상 교육을 받았기에, 그동안 교육받은 내용이 마음 안에 있으면서 믿음을 거부하였다. 의심 중에서, 특히 예수님의 피가 우리의 죄를 사한다는 사실이 믿어지지 않았는데, 그렇게 된 특별한 이

---

the Decoupled Continuous-Time Mutation-Selection Model. International Journal of Modern Physics C. 2016;27(6):1650070-1~1650070-14; 길원평. Computer Simulation for the Dependence of the Crossing Time on the Sequence Length in a Diploid, Coupled, Discrete-Time, Mutation-Selection Model for a Finite Population. Journal of The Korean Physical Society. 2016;69(4):666~674; 이규상·길원평. Dynamic Properties in the Four-State Haploid Coupled Discrete-Time Mutation-Selection Model with an Infinite Population Limit. Journal of The Korean Physical Society. 2017;71(9):579-586; 이규상·길원평. Computer Simulation for the Crossing Time in the Three-State Coupled Discrete-Time, Mutation-Selection Model in an Infinitely Large Asexual Population. New Physics: Sae Mulli. 2017;67(6):776-785; 길원평. Growth Probability of an Additional Offspring with a Beneficial Reversal Allele in the Four-State Haploid Coupled Discrete-Time Mutation-Selection Model for a Finite Population/New Physics: Sae Mulli. 2020;70(12):1067-1076; 강신호·길원평. 유사종모형에 대한 몬테칼로 시늉내기. 새물리. 2003;46(1):24-30; 길원평. 진화모델에 대한 최근의 시뮬레이션 결과 요약 및 고찰. 신앙과 학문. 2011;16(2):7-24.

유가 있다. 한번은 '간디 자서전'이란 책을 읽었는데, 책 중간에 '나는 왜 기독교인이 안 되었는가?'라는 내용이 있었다. 간디가 영국에서 유학할 때, 주위에 기독교인 친구들이 있었으며, 그 친구들이 착하고 좋았다고 했다. 그런데, 간디가 이해되지 않는 것은, 그 친구들이 와서 얼마 전에 자기가 죄를 지었는데 예수님의 피로 죄 사함을 받았다고 주장하는 것이었다. 자기가 죄를 짓고는, 이천 년 전에 죽은 예수님의 피로 죄 사함을 받았다고 주장하는 내용이, 간디는 믿어지지 않아서 기독교인이 되지 않았다는 글이었다. 그때는 "간디가 이런 생각을 했구나"하고 지나갔는데, 몇 개월이 지난 후, 간디의 생각이 내 생각이 되었다. 나도 예수님의 피로 죄 사함을 받는다는 내용이 믿어지지 않았다.

그때부터 내 마음 안에서 두 생각이 싸우기 시작했다. 하나는 예수님을 믿고 천국에도 가고 병도 나아야지 하는 생각이고, 다른 하나는 예수님이 믿어지지 않는다는 생각이었다. 그 당시 나는 간이 안 좋았기에, 1~2개월 간격으로 간기능검사를 하였다. 그런데, 간기능검사 결과가 점점 나빠져서 이러다가 죽겠다는 생각이 들면, 하나님 앞에 마음을 낮추고 납작 엎드려서 "이제부터 예수님을 잘 믿을 테니까 한번만 살려달라"라고 간구하였다. 의심에 싸여있다가도 몸이 나빠지면, 하나님의 살아계심을 알고 병을 고치는 분임을 알기에, 하나님 앞에 엎드렸다. 그렇게 기도하면, 신기하게 간 기능검사 수치가 좋아졌다.

그런데, 간기능검사 수치가 정상으로 돌아오면 다시 의심에 휩싸였다. "지난번에 몸이 좋아진 것은 잘 쉬어서 그런거야. 그리고 실제로는 안 믿잖아. 안 믿으면서 믿는다고 하는 것은 거짓이다."라는 생각이 들면, 그러한 생각을 이길 수가 없었다. 왜냐하면, 실제로 예수님이 믿어지지 않았기 때문이다. 그렇지만, 다시 몸이 나빠지기 시작해서, 조금 나빠지면 정신을 못 차리지만, 정말 나빠져서 이제는 죽겠다는 생각이 들면 다시 하나님 앞에 마음을 낮추고 엎드려서 다시는 의심하지 않고 예수님을 잘 믿겠다고 간구하였다. 그러면 신기하게도 다시 건강이 좋아졌다.

이렇게, 간이 나빠졌다가 좋아지는 과정을 4년 동안에 5번이나 반복하였다. 인간은 정말 강퍅하며, 공부를 좀 했다는 사람일수록 더 강퍅하다. 이 과정을 통하여 나의 간은 파괴되었으며, 36세 (1992년)일 때 의사가 나에게 이제는 간경화라고 경고하였다. 4년 동안 간이 다섯 번이나 나빠지면서 많이 파괴되었다는 것이다. 간경화라는 말을 들으니까, 정신이 번쩍 들었다. 그때까지는 "이러다가 괜찮겠지"라는 안일한 생각을 했는데, 이제는 진짜 죽을 수 있겠다는 생각이 들었다.

생각해보기

1. 원시 생명체에서 인간이 되었다는 진화론으로 말미암아 믿음이 약해지거나 흔들린 적은 없습니까?

2. 최초의 원시 생명체가 우연히 만들어질 수 있다고 생각합니까?

3. 성경 말씀에 대한 의심이 들어서 방황하거나 힘든 적은 없었습니까?

05
예수님에 대한 믿음

> 그날 이후로
> 의심이 생기지 않았다.
> 내 마음 안에서의
> 영적 전쟁이 끝난 것이다.
> 그때부터 구원의 확신이 생기고,
> 예수님을 전하고 싶은
> 생각이 들었다.

예수님이 믿어지지 않는 상황에, 죽음이 다가오면 큰일이라는 생각이 들었다. 죽음 앞에서 죽음의 공포와 함께, 지옥의 공포도 함께 올 것 같았다. 그래서, 부산대학교에 1년 휴직계를 내고, 오로지 성경 읽고, 기도하는 일에 몰두하였다. 물론 몸을 건강하게 해 달라는 기도를 했지만, 예수님이 믿어지게 해 달라는 기도를 간절하게 하였다. 한국에 돌아온 지 6년이 되었기에, 그동안 예수님의 피가 우리의 죄를 사한다는 설교를 여러 번 들었다. 그래서, 혼자서 성경에서 관련된 부분을 찾아서 구약부터 읽기 시작했다.

처음 읽은 부분은 이스라엘 민족이 애굽에서 탈출하는 장면이었다. 그때 이스라엘 민족이 양의 피를 문의 인방과 좌우 문설주에 바르면, 하나님이 그것을 보고 이스라엘 민족의 자녀는 죽이지 않고, 애굽 민족의 첫아들은 모두 죽이는 사건이 있었다. 그것을 읽으면서, "양의 피 자체가 무슨 능력이 있는 것이 아니고, 하나님이 하라는 대로 양의 피를 바른 것을 하나님이 보고 집 안에 있는 사람들을 살렸구나"라는 깨달음이 있었다.

두 번째 읽은 부분은 구약의 제사 제도에 대한 것이다. 죄를 지은 사람이 짐승을 끌고 와서 짐승의 머리에 안수하고 제사장이 짐승의 피로 하나님이 하라는 대로 제사 과정을 행하면, 결국 그 사람이 죄 사함을 받는다는 내용이 있었다. 그것을 읽고는, 짐승의 피 자체에 죄를 사하는 효력이 있는 것이 아니고, 하나님이 말한 대로 제사장이 제사를 지내는 과정을 하나님이 하늘에서 보고 죄를 사해 준다는 깨달음이 있었다.

비유로 하면, 학생이 수업 중에 문제를 일으켜서, 선생님이 학생에게 운동장을 열 바퀴 뛰라고 했을 때, 학생이 열 바퀴를 뛰는 동안에 학생에게 있었던 죄가 떨어져 나가는 것이 아니고, 학생이 열 바퀴를 뛰라는 선생님의 벌을 수행하면, 선생님이 학생의 죄가 없다고 간주하는 것이다. 마찬가지로, 우리가 예수님을 믿을 때, 예수님의 피로 말미암아, 하나님이 우리가 죄 사함을 받은 것으로 간주한다는 깨달음을 갖게 되었다. 또한, 신약에는, 우리가 예수님을 믿을 때 옛사람이 죽는다는 내용이 있다. 그것을 읽으면서, 옛사람이 죽으면, 당연히 옛사람이 지은 죄도 없어지겠다는 깨달음이 있었다.

이처럼 성경을 읽으면서, 예수님의 피가 우리의 죄를 사한다는 내용이 조금씩 이해되기 시작했다. 공부를 좀 했다는 사람의 문제는 이해되지 않으면 잘 믿지 못하는 것이다. 아무튼, 하나님은 내 마음을 열어서 조금씩 이해되도록 하였다.

이렇게 기도하고 성경 읽기를 3개월 정도 한 후, 어느 날 새벽 4시 반에 잠이 깨어, 침대에 누워서 지난날을 회상하였다. 젊은 날 허무주의에 빠져서 방황하다가, 29살(1985년)에 성경을 읽다가 영의 눈을 뜨고, 30살(1986년)에 기도하면서 교수가 되고 하나님의 존재를 믿게 되고, 한국에 오자마자 죄를 짓고 몸이 아프게 되는 과정을 회상하였다.

그런데, 그때 두 가지 생각이 떠올랐다. 하나는, 성경을 읽다가 처음 감동받은 부분이 예수님이 죽는 장면이었다는 것이고, 다른 하나는, 지난 4년 동안 5번이나 예수님을 믿겠다고 하면 몸이 좋아지고 예수님을 의심하면 몸이 나빠지는 과정이 생각났다. 그때 "하나님이 내가 예수님을 믿는 것을 원하는구나. 하나님이 나보고 예수님을 믿으라고 하는데, 내가 어찌 감히 거부할 수 있겠는가?"라는 생각이 떠올라서, 다른 방으로 가서 이제부터는 예수님을 믿겠다는 짧은 기도를 하였다. 그런데, 신기한 것은 그날 이후로 의심이 떠오르지 않았다. 의심하고 싶어서 하는 것이 아니고, 가만히 누워 있으면 저절로 떠올랐는데, 그날 이후로 의심이 생기지 않았다. 내 마음 안에서의 영적 전쟁이 끝난 것이다. 그때부터 구원의 확신이 생기고, 예수님을 전하고 싶은 생각이 들었다. 이러한 의심과의 전쟁을 통하여, 우리가 사는 세상은 진짜 영의 세계이며, 우리 마음은 영의 영향을 받고 있다는 것을 실제로 경험하였다.

한국에 와서 여러 가지 이유로 영적 방황을 하였지만, 그래도 수업 첫 시간에 항상 나의 지나온 삶을 소개하였다. 젊은 날 유물론을 믿고 방황하였지만, 미국 유학 중 성경을 읽다가 우리에게 영혼이 있음을 믿게 되고, 기도를 통해 물리학 박사가 되고 부산대 교수가 됨으로써 하나님의 살아계심을 경험하였다는 내용을 학생들에게 말했다. 학생 중에 나처럼 유물론에 빠진 자들이 있을 것 같아, 내 경험을 말함으로써, 그들이 허무와 방황에서 벗어나도록 하기 위함이었다.

예수님을 믿고 구원의 확신이 생기니까, 전도하고 싶었다. 그렇지만, 건강이 좋지 않아서, 외부 사람과 접촉하는 시간은 오직 출퇴근하는 시간뿐이었다. 그래서, 수업 첫 시간에 학생들에게 말한 것을 녹음한 후, 여러 녹음테이프에 복사해서, 출퇴근하는 지하철 안에서 간단하게 제 소개하고 녹음테이프를 나누어주는 일을 하였다. 전도하고 싶은 내 마음을 이렇게 해소하였다. 아무튼, 나의 영적인 문제는 해결되었다.

> **생각해보기**

1. 하나님은 믿지만, 예수님이 믿어지지 않아서 어려운 적은 없었습니까?

2. 성경 말씀이 이해되지 않는다고 믿지 않았던 적은 없었습니까?

3. 우리 마음이 영의 영향을 받고 있다는 것을 경험한 적이 있습니까?

06
사역, 그리고 건강 회복

> 조심스럽게 조금씩 활동량을
> 늘리면서 일하였는데,
> 일을 늘려도
> 여전히 건강이 좋았다.
> 하나님은 감사하게도
> 내가 마음껏 일할 수 있도록
> 건강을 주신 것이다.

예수님이 믿어지지 않던 영적인 문제는 해결되었지만, 몸의 건강은 좋아지지 않았다. 그래서, 1년 휴직 기간이 끝난 후, 부산대학교에 복직하였다. 연구실에 침대를 가져다 놓고, 수업이 끝나면 침대에서 쉬다가 다시 수업하러 갔다. 일찍 교수가 되었지만, 겨우 교수직을 유지하며, 30대와 40대를 보냈다. 40대 후반에 이러한 삶이 안타까워서, 하나님께 "나도 하나님의 일을 좀 하다가 죽게 해 주세요"라는 간절한 기도를 드렸다.

그 후 50세 되던 2006년에 우연히 국민일보에서 '차별금지법 제정'이란 1면의 큰 제목을 보았다. 그 당시에는 모두 차별금지법을 좋은 법으로 알고 있었으며, 국민일보도 좋은 법을 만든다는 취지로 기사를 적은 것 같다. 그 기사를 읽으니까 '2면에 계속'이라고 되어 있고, 2면으로 가니까 차별금지 사유로 성적지향이 있었다. 국가인권위원회에서 정부에 차별금지법 제정을 권고한 기사이기에, 국가인권위원회 홈페이지에 가서 차별금지법안을 보니까, 성적지향에 동성애가 포함됨을 알게 되었다. 동성애가 차별금지 사유에 포함되어서는 안 된다고 생각해서, 전국에 알려서 약 250명 교수의 서명을 받아 2007년 2월경에 대통령실, 법무부, 각 정당 등에 보내었다. 그런데, 2007년 10월 법무부에서 차별금지법을 입법

예고 하였는데, 성적지향이 여전히 포함되어 있었다. 놀래서, 전국의 교수들에게 다시 알려 반대의견을 제출하라고 호소하였다. 이러한 호소를 다른 교수가 보고, 법무부에 강력히 항의함으로써 차별금지법을 막을 수 있었다.

이 일 후에도, 나는 겨우 교수직을 유지하고 있었기에 본격적으로 이 문제에 뛰어들 마음이 없었다. 또한, 내 전공은 물리학이기에, "누군가 열심히 하겠지"라고 생각했다. 그러다가 2010년에 이 문제를 다룰 시민단체, 바른성문화를위한국민연합(바성연)을 창립하였으며, 나도 회원으로 참여하였다. 그런데, 회비를 내는 회원들이 거의 없어서, 바성연은 제대로 유지되지 않았다. 그래서, 2012년에 바성연을 재창립하는 총회를 개최하였다. 이때 실무책임을 맡아달라는 제안을 받았고, 부산에서 전화, 이메일 등으로 서울 본부에 지시만 하면 되겠다는 생각으로 수락하였다. 하지만, 사실 내 마음에 하나님의 일을 하고 싶다는 열망이 있었기에 수락한 것이다.

그렇지만, 2012년의 내 건강 상태는 좋지 않았다. 2010년에 서울대학병원에서 간과 콩팥에 동시에 암이 있다고 하였다. 암이 한 군데만 있어도 놀래는데, 두 군데 있다고 해서 온몸에 퍼져서 죽는 줄 알았다. 간에 있던 두 개의 작은 암을 바로 제거하였으며, 콩팥에는 작은 혹이 중앙에 있어서 조직 검사를 할 수 없었기에, 크기가 자라는지를 지켜보았다. 그런데, 콩팥에 있는 혹이 거의 자라지 않아서 암인지 아닌지를 여러 병원에 물어보았지만 분간하지 못했고, 서울대학병원은 계속 암이라고 하니까, 다른 병원에서 감히 암이 아니라고 말하지 못했다. 그래서, 결국 2013년에 왼쪽 콩팥을 제거하였는데, 제거하고 보니까 암은 아니었다. 그래도 항암 치료를 안 해도 되니까, 감사하였다.

하나님은 2012년에 바성연 실무책임을 맡는 나의 헌신을 기뻐하였으며, 3~4년 후에 간염 바이러스를 없어지게 했다. 간염 바이러스가 없어지고 나니까, 아무리 일해도 다음 날에 몸이 가뿐했다. 30~40대에는 조금만 일해도 다음 날에 몸이 천근만근이었는데, 몸이 좋아진 것이다. 그래도 조심스럽게 조금씩 활동량을 늘리면서 일하였는데, 일을 늘려도 여전히 건강이 좋았다. 하나님은 감사하게도 내가 마음껏 일할 수 있도록 건강을 주신 것이다.

2012년에 건강이 좋지 않은 상황인데도 바성연 실무책임을 맡았으며, 1년 후에 콩팥을 제거하는 수술을 하였기에, 이러한 내 모습이 다른 사람에게 도전이 되었다. 그래서인지 많은 분이 헌신하기 시작하였다. 약사, 의사, 교수, 변호사 등 전문직을 가진 분들이 자비량으로 자기 재능을 사용해서 차별금지법 반대에 헌신하였다. 불과 10년이 지난 오늘에는 지역마다 차별금지법을 반대하는 시민단체가 있으며, 몇백 개의 시민단체가 전국에 만들어졌다. 차별금지법을 반대하는 시민단체가 폭발적인 부흥을 한 것이다. 이러한 부흥은 전 세계에서 오직 한국에만 있으며, 약한 나를 하나님이 사용한 것이다. 감사하게도 나는 하나님의 도구로 사용당하는 기쁨을 누리고 있다. 나는 50세 전후에 시민단체 활동을 조금씩 시작했으며, 60세부터 아주 건강하게 되어 본격적으로 시민단체 활동을 하였다. 부산대 교수로 있을 때 겨우 교수직을 유지했는데, 정년퇴직 후에 한동대 석좌교수로 가게 되었다. 하나님의 일을 조금 하였는데, 하나님은 나에게 건강과 석좌교수 등 축복을 넘치게 주었으며, 감사하게도 약한 나를 통하여 2007년부터 차별금지법을 막아왔으며, 차별금지법을 막는 시민단체가 엄청난 부흥을 하게 만들었다.

생각해보기

1. 오랫동안 문제 속에 있어서, 문제 해결에 대한 소망이 거의 없었던 적이 있습니까?

2. 하나님의 일을 조금 하였는데, 축복을 넘치도록 받은 적이 있습니까?

07
본격적인 시민단체 활동

"
겨울철이어서 매우 추웠고,
텐트 생활을 시작할 때
감기에 걸렸지만,
그렇게 해야 서명에
동참할 것 같아서,
텐트 생활을 하면서
서명을 호소하는 전화를 하였다.
"

60세 되던 2016년경부터 건강해져서 본격적으로 시민단체 활동을 하였으며, 그때부터 차별금지법 등의 문제도 본격적으로 생기기 시작하였다. 2017년에 헌법을 개정하기 위하여 국회에 헌법개정특별위원회 자문위원회가 만들어져서 논의를 시작하였다. 자문위원들이 당연히 헌법을 좋은 방향으로 개정할 것으로 생각하였는데, 2017년 6월에 국회 회의록을 보니까, 성적지향(동성애)을 차별금지 사유에 포함하고, 헌법 36조의 '양성의 평등'을 '성평등'으로 바꾸어서 동성결혼을 인정하려고 시도하고 있었다.

이것을 알고 너무 놀라서, 급하게 국회의원들을 만나 양성평등과 성평등의 차이를 설명했지만, 제대로 이해하지 못하는 것 같았다. 자칫하면 통과될 것 같다는 생각이 들어서, 조금 극단적인 방법을 사용하였다. 한동대의 다른 교수와 함께 국회 앞에 텐트를 치고 자면서 국회의원들을 만나러 다녔다. 그리고 전국에 알려서 약 71만 명의 서명을 받아 국회에 제출하였고, 300여 개 대학의 약 3천 명 교수들도 서명에 동참했다. 2017년 8월~9월에 열린, 영남, 호남, 충청, 수도권, 강원 등 11개 권역별 토론회에서 많은 국민이 동성애 차별금지와 동성결혼을 인정하려는 헌법 개정을 강력하게 반대하였다. 광주에서 2만 명, 대전에서 3만 명이 모여 "성평등을 통한 동성애 동성결혼 합법화 개헌 반대"의 구호를 외쳤으며, 결국 잘못된 개헌을 막을 수 있었다.

이 과정을 통해 성평등과 양성평등이 다름을, 즉 양성평등은 남녀평등을 의미하지만, 성평등은 트랜스젠더 등 수십 가지 성 정체성을 포함하는 평등임을 알게 되었다. 그런데, 2017년 11월에 여성가족부가 '제2차 양성평등정책기본계획(안)'을 발표하면서, 그 안에 있던 양성평등을 모두 성평등으로 바꾸었다. 눈이 내리는 추운 겨울, 전국의 국민이 대형 버스로 와서 여성가족부 앞에서 반대하니까, 2017년 12월에 여성가족부가 다시 양성평등으로 바꾸어서 확정안을 발표하였다. 흥미로운 것은, 여성가족부가 성평등을 양성평등으로 수정한다고 발표하니까, 한국여성단체연합 소속 회원들이 양성평등이 아니라 성소수자까지 포괄하는 성평등 정책을 추진할 것을 촉구하였다.[3]

2018년에 법무부가 '제3차 국가인권정책기본계획안(NAP)'를 발표하였는데, 그 안에 차별금지법과 성평등이 들어있었다. 그래서, 법무부가 있는 과천에 텐트를 치고 여름 내내 약 3개월을 지냈으며, 삭발도 하고 혈서도 썼지만, 정부는 우리 의견을 무시하고 그대로 통과시켰다. 2019년 7월에 경기도의회는 성평등 조례를 개정해서,

교회를 포함해서 직원을 고용하는 모든 사용자는 성평등위원회를 설치하도록 하였다.

이러한 개정을 하자, 경기도 도민들은 조례 반대 운동을 시작하였다. 2019년 8월에 경기도의회 앞에 3만 명이 모이는 대형 집회를 하였으며, 그 후 성평등 조례를 양성평등 조례로 바꾸는 서명 운동을 시작하였다. 2020년 2월 말까지 서명받아야 하는데, 서명이 까다로워서 법적인 서명 숫자를 채우기가 쉽지 않았다. 그래서, 2019년 말에 특별한 조치를 해야겠다는 생각이 들어, 경기도의회 앞에 텐트를 치고 지내면서 경기도 도민들에게 서명을 호소하였다. 겨울철이어서 매우 추웠고, 텐트 생활을 시작할 때 감기에 걸렸지만, 그렇게 해야 서명에 동참할 것 같아서, 텐트 생활을 하면서 서명을 호소하는 전화를 하였다. 다행히 17만 명 이상의 서명을 받아서 법적 요건을 갖추었으며, 결국 경기도의회는 2019년 7월에 개정했던 내용을 모두 삭제하였다. 이러한 사역을 하면서 느낀 점은, 단합된 목소리를 내면 대부분 정치인은 요구를 들어준다는 것이다.

---

3 경향신문, 2017년 12월 20일자, '성평등'은 왜 '양성평등'이 됐을까...'이데올로기의 최전선' 된 젠더-성소수자 문제.

정치인 중에 특별한 이데올로기를 갖고 성평등, 동성애, 동성결혼 등을 주장하는 사람은 극히 일부이며, 대다수 정치인은 국민이 원하는 방향으로 처신하였다. 왜냐하면, 정치인은 선거에서 당선되는 것이 가장 중요하기 때문이다. 그러기에, 분명한 목소리를 강력하게 내어 잘못된 법과 조례 등을 막으면서, 대다수 국민이 법과 조례의 문제점을 알도록 널리 홍보해야 한다.

생각해보기

1. 양성평등과 성평등(젠더평등)의 차이점을 알고 계십니까?

2. 성적 지향이 무엇을 뜻하는지 알고 계십니까?

3. 포괄적 차별금지법의 문제점에 대해 알고 계십니까?

보충 자료

◆ 성평등(gender equality)이 수십 가지 성 정체성을 포함하는 평등임을 나타내는 증거

① 2014년 2월 국회 여성가족위원회 공청회
'여성발전기본법' 명칭을 '양성평등기본법' 혹은 '성평등기본법'으로 바꾸는 논의가 있었는데, 진술인 4명 중 3명이 '양성평등기본법'으로 바꾸자고 하였고, 그 이유는 '성평등'에 '제3의 성', '동성애', '성적지향' 등을 포함하기에 문제가 있다고 했다.

② 한국법제연구원에서 만든 자료
2016년 한국법제연구원에서 "성평등 관련 해외입법동향 및 지원체계에 관한 법제분석"이란 책자를 발간하였다. 이 책자에 "성평등권을 보호하는 국제규범이 해석론으로 성적지향과 성별정체성의 사안에도 적용이 가능한 현 시점"과 "성평등권의 보호에 성적지향 및 성별정체성에 대한 차별금지가 포함되는 현상이 나타나고 있는 현 시점"이라는 내용이 있다.

③ 국회헌법개정특별위원회 자문위원회 보고서
2018년 1월에 발표한 보고서에, 양성평등(sex)은 남과 여라는 생물학적 차이(선천적)에서 발생한 불평등 문제와 연결을 짓고, 성평등(gender)은 사회역사적(구조, 환경, 문화)으로 형성된 차이(후천적)에서 발생한 불평등 문제와 연결을 짓고 있다.

(결론) 성평등 = 동성애, 성전환 등을 포함하는 평등
        = 성적지향 및 성별정체성 차별금지

08
실존하는 영의 세계

> "
> 어쩌면 지금도 상당수 학자는
> 악한 영이 주는 생각으로
> 인류의 존재가치를 파괴하는
> 학설을 만들면서,
> 자신이 스스로 깨달았다고
> 생각하며 교만한 지적 기쁨을
> 가진다고 본다.
> "

내가 유물론에 빠져 방황할 때, 인생이 너무 허무해서 유물론을 능가하는 진리가 있다면, 그것이 맞을 확률이 1%만 있더라도 거기에 나의 일생을 바치겠다고 생각하였다. 그런데, 지금 뒤돌아보면, 나의 삶에 영의 세계가 존재한다는 증거가 가득함을 발견한다. 나는 중학교 3학년에 마음과 두뇌의 관계를 2~3시간 적었지만, 그 내용이 학교 도서관에서 읽은 것이 아니다.

지금으로부터 50년 전에 중학교 도서관에 마음과 두뇌의 관계를 적은 책이 있었겠는가? 그 당시 내 마음에 마음과 두뇌의 관계에 대한 글이 생각나는 대로 받아 적었으며, 다른 사람이 알지 못하는 진리를 깨달았다고 기뻐했다. 지금 뒤돌아보면, 악한 영이 유물론적 논리를 나에게 생각나게 한 것이다. 악한 영이 준 몇 가지 논리를 받아 적으면서, 나는 위대한 진리를 깨달았다고 착각하였다. 그때, 나는 인간의 본질을 깨달았다고 생각했으며, 친구들은 아무 것도 모르고 산다는 교만한 생각을 하였다. 어쩌면 지금도 상당수 학자는 악한 영이 주는 생각으로 인류의 존재가치를 파괴하는 학설을 만들면서, 자신이 스스로 깨달았다고 생각하며 교만한 지적 기쁨을 가진다고 본다. 유물론적인 글을 적은 후 자살하려고 독서실을 뛰쳐나왔을 때, 하나님은 절 밖의 돌계단에서 내가 왜 허무하다고 생각했는지를 회상하게 하였고, 전혀 생각이 나지 않도록 해서 나의 자살을 막았다.

하나님을 알지 못하던 젊은 날, 죽으면 끝이라고 생각하며 아무렇게나 살았으며 죄를 지으려고 애를 썼지만, 깊은 죄를 지으려는 결정적인 순간에 신비롭게 그것이 차단되었다. 어떨 때는 내가 한 말과 행동이지만 전혀 생각하지 않았던 말과 행동을 하였고, 친구의 말, 학과 행사 등을 통해 신비롭게 차단되었다. 내가 하나님을 알지 못하고 찾지도 않던 때, 내 삶에 있었던 뚜렷한 하나님의 간섭들이었다. 29세(1985년)에 인생의 허무와 무가치함으로 방황할 때, 하나님은 다른 사람을 통하여 성경을 읽도록 인도했고, 신비로운 경험으로 영의 눈을 뜨게 하고, 30세(1986년)에는 모든 기도를 응답해서 유물론자인 나를 단번에 하나님을 믿는 사람으로 바꾸어 주었다. 한국에 와서 얼마 되지 않아서 죄를 지었지만, 내가 죄를 지을 때마다 바로 그 죄로 말미암아 어려움을 겪도록 함으로써, 하나님의 살아계심을 깨닫게 해 주었다. 하나님은 죄를 지은 나를 버리지 않고 오히려 질병을 통해 30~40대 동안 유혹으로부터 보호하시고, 점차 깊은 믿음을 갖도록 만들었다. 살아오면서 기도 응답받은 횟수는 몇천 번이 되며, 잘못해서 매 맞은 적도 여러 번 있다. 특히, 예수님의 피로 죄 사함을 받는다는 것을 믿게 해 달라는 기도와 하나님의 일을 하다가 죽게 해 달라는 기도를 응답해 주신 것이 감사하다.

나는 모든 삶을 스스로 살아왔다고 생각했지만, 실상은 하나님이 나의 삶을 인도했다는 사실을 이제야 깨닫는다. 하나님이 나의 삶에 간섭하는 분명한 체험을 여러 번 했기에, 나는 하나님의 존재를 부인할 수 없다. 하나님의 존재하심을 과학적인 방법으로 증명할 수 없지만, 우리의 삶을 통해서 경험할 수 있다고 본다. 미국 유학 시절에 하나님의 존재를 증명해 달라고 했을 때, 선배가 26년간의 경험이라고 답변한 것을 이제야 이해할 수 있다. 나는 실제 삶을 통하여, 하나님이 실제로 살아계시고 나를 포함해서 모든 사람의 마음을 주관하고 온 세상을 다스리고 계심을 알게 되었다. 하나님의 존재와 영의 세계는 논리가 아니라 내 삶에 알알이 박혀 있는 실제 사건으로 확인되었기에, 하나님의 살아계심과 영의 세계가 존재함은 나의 마음 상태, 즉 나의 감정이나 믿음과는 무관한 객관적 사실이다. 영의 세계와 하나님이 존재한다는 사실 자체가 유물론에 매여서 살았던 나에게 엄청난 기쁨을 준다. 왜냐하면, 우리의 가장 근원적인 문제인 죽음이 해결되고 영생의 소망을 주기 때문이다.

그런데, 영의 세계가 진짜로 있음을 믿으면서 느끼는 문화 충격, 즉 부작용도 있었다. 처음으로 믿음을 가진 나를 당황하게 만든 것은 사탄 공포증이었다. 사탄이 내 마음에 영향을 주어 생각을 떠오르게 할 수 있다는 사실이 두려움과 당황함을 주었다. 나는 내 생각과 주위 사람들의 말이 하나님의 영향인지 사탄의 영향인지를 분간할 수 없었다. 예로서, 나는 간이 좋지 않기에 주위 사람이 특별한 식품을 가져왔을 때, 그것을 먹어야 할지 안 먹어야 할지를 결정하기 어려웠다. 남에게는 말도 못 하고 성경을 읽고 기도하다가, 이제까지 나를 보호하셨던 하나님이 영적 갓난아기인 나를 변함없이 보호한다는 것을 깨닫고 두려움에서 벗어날 수 있었다.

영의 세계를 알고 난 후 겪는 어려운 점 중 하나는 의심이었다. 내 마음은 잘 믿고 싶은데, 나도 모르는 사이에 의심이 생각나서 힘들었다. 그러다가, "새가 내 머리 위를 날아가는 것은 막을 수 없다. 하지만, 새가 내 머리 위에 둥지를 틀지 않게는 할 수 있다."라는 마틴 루터의 글을 읽고 위로받았다. 의심이란, 새가 내 머리 위를 날아가는 것과 같아서 어쩔 수 없지만, 의심이 내 마음에 둥지를 틀지 않게만 하면 되겠다고 생각하면서, 의심이 생각나는 것 자체에 대한 죄책감에서 벗어났다. 또한, 의심은 내가 하는 것이 아니고 사탄의 속삭임이라는 것을 깨닫고, 의심을 내 마음에서 몰아내려고 노력했다.

생각해보기

1. 하나님의 신비로운 간섭을 삶에서 경험한 적이 있습니까?

2. 영의 세계가 진짜로 있다고 믿으면서 느꼈던 문화 충격은 없었습니까?

09
철저한 죄인임을 깨닫다

> 정말 미혹과 유혹에
> 약한 존재임을 깨닫는다.
> 29살에 영의 눈을 뜬 후에도
> 하나님보다 세상을
> 더 사랑함으로써,
> 하나님께 죄를 지었다.

하나님의 존재와 영의 세계가 있음을 알고 난 후에도, 하나님 말씀대로 온전하게 살지 못했고, 여전히 내 삶에 어려움이 많이 있었다. 이러한 나 자신을 그 당시에는 이해할 수 없었고, 어떻게 하면 확실한 믿음을 갖고 하나님의 말씀대로 살 수 있을까 하고 방황하였다. 지금 뒤돌아보면, 나는 나 자신을 몰랐으며, 사탄과 우리가 사는 세상을 알지 못했다. 결론부터 말하면, 나 자신이 사탄의 유혹과 미혹에 쉽게 넘어가는 아주 연약한 영적 존재임을 알지 못했으며, 사탄이 이 세상의 교육과 문화 등을 통하여 믿음을 갖지 못하도록 얼마나 열심히 준비해 놓았는지를 몰랐다. 그리고, 사탄이 뿌려놓은 악한 내용이 이미 내 마음속에 들어와 자리 잡고 있었음을 알지 못했다.

실제 삶을 뒤돌아보면, 나는 중학교 3학년 때 사탄이 준 몇 가지 간단한 논리에 넘어가서 15년 동안 유물론을 믿고 살았던 어리석은 존재이다. 유물론에 매여서 인생의 허무와 무가치함으로 고통을 겪으면서도, 유물론이 진리라고 착각하고 살았다. 미국으로 유학을 가서 음란물(포르노)을 접한 후에 정기적으로 보러 갔다. 이러한 내 모습을 뒤돌아보면, 정말 미혹과 유혹에 약한 존재임을 깨닫는다. 29살에 영의 눈을 뜬 후에도 하나님보다 세상을 더 사랑함으로써, 하나님께 죄를 지었다. 예로서, 하나님이 주신 선물인 교수직을 하나님보다 더 사랑하였다. 하나님과 세상에 양다리를 걸치고 자신이 원하는 삶을 살았으며, 결국 자신의 욕심이 하나님 위에 있었음을 고백한다.

그런데, 실제 삶에서 지은 죄악보다, 그러한 죄를 행하게 만드는 마음 자체가 더 문제라고 생각한다. 중학교 3학년부터 마음에 자리 잡은 유물론적 논리는, 내 마음을 콘크리트와 같이 딱딱하게 만들었다. 그리고, 오랜 교육으로 형성된 과학적 사고방식이 영의 눈을 뜬 후에도 믿음의 성장을 막았다. 과학적 사고방식이 영적 세계에서 어떤 문제를 일으키는지 몇 가지 소개하겠다. 첫째는 합리적 사고인데, 많은 기도 응답을 받은 후에도 왠지 성경 말씀이 믿어지지 않고 예수님을 거부하려는 마음이 나에게 있었다. 에너지, 호르몬 등의 과학적 용어를 사용하면 합리적이라고 마음에 쉽게 받아들이는데, 성경 말씀은 왠지 이해되지 않고 무언가 확실하지 않다고 느꼈다. 나도 모르는 사이에 과학적 개념만이 합리적이라고 생각하고, 영적인 개념은 무언가 불확실한 것으로 잠재의식에 세뇌되어 있었다. 한번은 요한복음 15장의 "그들이 이유 없이 나를 미워하였다"라는 성경 문구를 읽고 회개한 적이 있다. 아무런 이유 없이 성경과 예수님을 거부하는 나의 모습을 본 것이다. 오랜 교육을 통해 잠재의식 속에 형성된 선입견이 예수님을 거부하고 있음을 깨달았다.

둘째로 객관적 사고인데, 성경을 읽다가 의심이 들면, 성경과 의심 중 어느 것이 맞는지 객관적으로 판단하려고, 일부러 의심의 입장에서 생각해 보고, 성경의 입장에서 생각하려고 하였다. 그런데 이상하게도, 의심의 입장에서 생각한 후에는, 성경의 입장으로 마음이 전환되지 않고 계속 의심이 들었다. 양쪽 입장에서 묵상하고, 성경의 입장이 더 옳음을 보이려고 했는데, 오히려 의심의 늪에서 벗어날 수 없었다. 영적 혼돈 상태에서 힘들어하다가, 다른 계기를 통해 가까스로 벗어나곤 하였다. 이러한 경험을 몇 번 하고 나서는, 내가 의심과 성경 사이를 마음대로 오갈 수 있는 존재가 아님을 깨달았다. 인간은 영적으로 연약한 존재이며, 판단자의 위치에서 하나님과 사탄 중, 어느 쪽이 맞는지를 분별할 수 있는 존재가 아님을 깨달았다.

비유로 하면, 어린아이가 집 밖에서 낯선 사람을 만났는데, 그 사람이 '지금 너와 같이 사는 사람은 네 아버지가 아니야'란 말을 했다고 가정하자. 이때 어린아이의 지혜로는 낯선 사람의 말과 아버지의 말 중 어느 것이 맞는지를 분별할 수 없다. 그러기에, 객관적인 자세로 두 사람의 말 중 어느 것이 맞는지를 확인하려고 하면 할수록, 낯선 사람의 말에서 벗어날 수 없다. 그러기에 어린아이가 취해야 할 바른 태도는, 낯선 사람의 말을 듣는 즉시, 아버지께 달려가서, 아버지가 진짜인지를 알려달라고 요청하는 것이다. 아버지가 진짜라면, 아버지임을 어린아이의 눈높이에 맞추어서 설명해 줄 것이다.

이러한 깨달음을 가진 후, 의심이 들면 즉각 "이러한 의심이 생겼는데, 이길 수 있는 지혜를 달라."고 하나님께 기도하였다. 그러면, 신기하게도 그 기도가 끝나기 전에 의심을 이기는 생각이 떠오르든지, 어느 정도 시간이 흐른 후에 의심을 이기는 지혜가 떠올랐다. 이런 경험을 통해, 우리가 사는 세상이 진짜 영의 세계임을 확인할 수 있었다. 우리가 하나님을 믿고 의지하기만 하면, 하나님은 우리에게 충분한 증거를 주신다. 그런데, 믿음을 통해서만 경험할 수 있기에, 우리에게 먼저 믿음을 요구하는 것이다.

셋째는 법칙적 사고인데, 성경으로부터 체계적인 원리를 도출해서, 그 원리 안에서 신앙생활을 하려고 한다. 즉, 하나님과 교제하고 사랑하기보다는, 성경을 탐구해서 하나님이 원하는 일을 하려고 노력한다. 이것이 나쁜 것은 아니지만, 자칫하면 하나님과의 인격적인 관계보다는, 하나님의 일만 하려고 할 가능성이 있다. 하나님을 향한 사랑 없이 하는 하나님의 일은 하나님을 기쁘시게 하지 못한다. 끊임없이 하나님을 향하여 사랑의 고백, 즉 기도하며, 하나님의 사랑을 갈구하는 심령을 가져야 한다. 왜냐하면, 우리는 하나님의 사랑과 은혜 없이, 우리의 노력과 의지만으로는 세상을 이길 수 없기 때문이다.

우리는 어리석고 교만하고 강퍅하고, 유혹과 미혹에 약한 영적 존재이기에, 우리의 힘으로는 사탄을 이길 수 없다. 또한, 현재 우리 사회의 교육, 문화 등 모든 영역에 믿음을 파괴하는 수많은 사탄의 작품들이 존재한다. 학교 교육은 자연스럽게 유물론적 사고방식을 가지도록 세뇌하며, 인터넷과 스마트폰 등에 퍼져 있는 음란한 문화는 죄를 짓도록 유혹하며, 수많은 사상과 논리가 믿음을 가지지 못하도록 미혹하고 있다. 더 나아가, 사탄은 직접 우리 마음에 끊임없이 속삭이며, 우리의 교만을 부추겨서 하나님과 멀어지게 만든다. 왜곡된 교육, 음란한 문화, 미혹하는 논리, 사탄의 음성 등은 우리의 능력으로 이기기 어려운 것이 아니라, 이기는 것이 불가능하다.

더군다나, 우리는 죄를 더 좋아하는 본성을 가지고, 영의 세계를 알지 못하는 영적으로 죽은 상태로 태어났다. 그러기에, 우리의 결심이나 노력만으로는 우리 마음 안에 이미 형성된 선입견과 잠재의식, 그리고 세상의 유혹과 미혹을 이길 수 없다. 세상의 교육과 문화 등에 의해 콘크리트와 같이 굳어진 마음에 진짜 믿음이 들어가려면, 강력한 하나님의 능력으로 콘크리트와 같은 마음을 깨뜨려야만 가능하다. 우리의 철저한 타락과 무능력을 솔직히 하나님께 고백하고, 우리를 죄로부터 구해 달라는 간절한 회개 기도로 하나님의 긍휼과 은혜를 간구해야 한다. 우리는 우리 마음을 바꿀 수 없지만, 하나님은 콘크리트와 같은 우리 마음도 바꾸어서 옥토로 만들 수 있기 때문이다.

생각해보기

1. 자신이 유혹과 미혹에 쉽게 넘어가는 연약한 영적 존재임을 깨달은 적이 있습니까?

2. 과학적 사고방식이 믿음을 방해한 적이 있습니까?

보충 자료

◈ 과학주의의 문제점

1. 과학의 정의
실험, 관찰로 얻은 결과를 사람의 이성으로 이해하여, 법칙 또는 가설을 만드는 것.

2. 과학의 한계
① 실험과 관찰이 가능한 것만 다룸
② 사람이 이해할 수 있는 것만 다룸
③ 법칙적인 것만 다루기에, 인격적 활동이나 일회적 사건은 다룰 수 없음
　<과학은 실험과 관찰이 가능하고, 법칙적이며, 보이는 물질세계에만
　적용 가능하다.>

3. 과학주의의 정의
과학으로 모든 진리를 알 수 있고, 과학으로 증명이 안 되는 것은 진리가 아니다.

4. 과학주의의 결과
① 모든 자연의 신비를 보이는 것, 즉 물질로서 설명한다.
② 하나님, 영혼 등 영의 세계를 부정한다.
③ 사람에게 남는 것은 '몸'뿐이기에, 쾌락주의, 허무주의, 죽음에 대한 공포에 빠진다.
④ 모든 것을 물질적 현상으로 설명하기에, 결론은 유물론이다.

10
오직 예수의 이름으로

> "
> 예수님에 관한 내용은
> 우리의 지혜로는 맞는지를
> 확인할 수 없으며,
> 오직 예수님을 믿고 이루어지는
> 결과를 봄으로써, 진리 여부를
> 확인하는 수밖에 없다.
> "

하나님은 우리의 힘과 지혜로는 죄에서 벗어날 수 없는 우리의 무능력함을 알기에, 우리를 죄와 사탄으로부터 구하기 위한 계획을 세워 놓았다. 우리가 어떠한 죄악 속에 있어도, 우리 마음이 콘크리트와 같이 강퍅해도, 어떤 상황에 있더라도 하나님은 우리를 구할 수 있는 길을 마련해 놓았다. 그러기에, 자신을 너무 분석하거나 자책하지 말고, 하나님이 우리를 구하기 위하여 마련해 놓은 유일한 길, 즉 예수님을 붙잡아야 한다. 문제는 여러 가지이더라도, 해답은 오직 예수님이기 때문이다. 하나님은 예수님을 이 땅에 보내어서 우리를 위하여 우리 죄를 대신 짊어지고 십자가에서 죽게 하시고, 우리가 예수님을 믿기만 하면 죄 사함을 받고 하나님의 자녀가 되고 천국에서 영생을 누리도록 예비해 놓았다.

하나님의 아들인 예수님은 하나님과 함께 있다가 하나님의 뜻을 따라, 인간의 몸을 입고 이 땅에 와서 수많은 기적을 행하였다. 예로서, 다양한 병자와 장애인을 고치고, 죽은 자를 살리고, 귀신을 쫓아내고, 바다와 바람을 잠잠하게 하고, 물 위를 걷는 등 하나님의 아들이 아니고는 도저히 할 수 없는 표적들을 행하였다. 특히, 예수님은 귀신을 쫓아냄으로써, 귀신이 우리 몸을 조작할 수 있음과 예수님이 귀신도 다스리는 하나님의 아들이심과 우리가 사는 세상이 영의 세계임을 분명하게 보여 주었다. 예수님은 자신을 믿는 제자들에게 병을 고치고 귀신을 쫓아내는 능력을 주었으며, 우리가 몸과 영혼으로 이루어진 영적 존재임을, 그리고 천국과 지옥이 있음을 가르쳐 주셨다.

예수님은 우리의 죄를 대신 담당하고 죽을 것과 부활할 것을 제자들에게 예언하였으며, 자신이 하나님의 아들이며 유대인의 왕이라고 유대인 공회와 로마 총독 앞에서 말함으로써 십자가에서 죽으셨다. 수많은 유대인이 예루살렘에 모이는 가장 큰 명절인 유월절 전날, 예루살렘 성문 밖에서 예수님은 십자가 위에 '유대인의 왕'이란 패를 붙이고 많은 사람이 보는 앞에서 공개적으로 죽으셨다. 예수님은 로마 군병들로부터 침 뱉음을 당하고 "유대인의 왕이여 평안할지어다"라는 희롱을 받았으며, 십자가에서 완전히 벌거벗긴 채로 손발에 못 박혀서 죽는 순간까지 지나가는 사람들과 대제사장들로부터 "네가 이스라엘의 왕 그리스도이면 지금 십자가에서 내려와 우리가 보고 믿게 해라" 등의 조롱을 받았으며, 마지막에 "나의 하나님, 어찌하여 나를 버리셨나이까"라는 말을 하고 죽으셨다.

인간이면서 하나님인 예수님은 십자가에서의 육체적 고통, 조롱당하는 정신적 고통, 하나님으로부터 버림을 당하는 영적 고통을 겪었다. 그렇지만, 예수님은 예언한 대로 3일 후에 다시 살아났으며, 40일 동안 제자들에게 살아난 모습을 보이다가 승천해서 하나님의 우편에 앉았다. 그 후 제자들이 온 세상에 복음을, 즉 예수님의 십자가 죽음과 부활을 전했으며, 제자들이 복음을 전할 때 함께 나타나는 기적과 표적을 통해 많은 사람이 복음을 진리로 믿었다. 그 복음이 로마, 유럽, 영국, 미국 등을 거쳐서 한국에까지 들어오게 되었다.

예수님에 대해 좀 더 설명하면, 하나님은 우리를 죄로부터 구하기 위해, 예수님으로 하여금 인간의 몸을 입고 이 땅에 와서 우리를 위하여 십자가에서 죽게 했다. 이러한 하나님의 계획은 창세 전부터 있었으며, 먼저 이스라엘 민족을 택해서 하나님을 믿는 믿음을 갖게 하고, 이스라엘 땅에 예수님이 태어나 신성모독이란 죄로 십자가에서 죽게 했다. 하나님은 우리가 예수님을 전혀 알지 못하고 죄악 속에 있을 때, 우리를 위하여 죽게 함으로써 우리에 대한 자기의 사랑을 확증했다. 또한, 우리가 예수님을 믿을 때, 우리의 옛사람이 예수님과 함께 십자가에서 죽고, 성령이 우리 안에 임하면서 새로운 피조물로 바뀌는 영적 변화가 일어난다.

하나님은 우리가 행위로는 천국에 갈 수 없고, 오직 예수님을 믿음으로써 천국에 갈 수 있도록 정해 놓았다. 하나님이 왜 이렇게 정했는지는 알 수 없지만, 믿음이 우리와 하나님을 하나로 만들기 때문이 아닌가 생각한다. 우리가 하나님과 하나가 되어야만 사탄의 미혹을 이길 수 있다. 마치 아버지가 어린아이에게 대도시의 복잡한 지도를 설명하지 않고, "아빠 손만 잡고 가면 된다"라고 말하면서 대도시에서 어린아이와 함께 가는 것과 같다고 생각된다. 우리는 약한 영적 존재이며, 사탄의 미혹을 우리 머리로는 이길 수 없다. 오직 하나님을 믿고 하나님의 말씀을 지키며 사는 것만이 우리가 사탄을 이길 수 있는 유일한 길이기에, 믿음으로 천국에 가도록 하였다고 본다.

그런데, 위에서 말한 예수님에 관한 내용은 우리의 지혜로는 맞는지를 확인할 수 없으며, 오직 예수님을 믿고 이루어지는 결과를 봄으로써, 진리 여부를 확인하는 수밖에 없다. 이와 유사한 예로서, 아인슈타인의 상대성이론은 '빛의 속력은 모든 관성 기준계에서 동일하다.'라는 전제(postulate)를 가진다. 이러한 전제는 다른 원리에서 유도될 수 없고, 이 전제를 옳다고 가정하고 얻은 결과가 실험이나 관찰과 일치하는지를 봄으로써, 그 전제가 옳은지를 확인할 수밖에 없다. 어쩌면, 정말 근본적인 원리는 다른 것으로부터 유도될 수 없고, 옳다고 가정하고 얻은 결과로부터 진리임을 확인할 수밖에 없다고 본다. 마찬가지로, 예수님 등의 영적 내용도 인간의 지혜로는 확인할 수 없으며, 어린아이처럼 믿고 행함으로써 얻어지는 결과로부터 진리임을 확인할 수 있다고 본다.

생각해보기

1. 인간이면서 하나님이신 예수님께서 십자가에서 느꼈을 고통에 대해 묵상한 적이 있습니까?

2. 하나님께서 우리를 위하여 십자가에서 죽게 하신 예수님의 사랑을 가슴 깊이 느낀 적이 있습니까?

11
남은 삶, 진리를 붙잡자

> 진리는 정확무오한
> 하나님의 말씀인
> 성경과 일치하기에,
> 우리의 마음 상태, 즉
> 감정이나 믿음과는
> 무관한 객관적 사실이다.

이제부터 지난 삶과 성경 말씀을 통하여 알게 된 진리를 정리해 보겠다.

1. 세상의 구조

우리가 사는 세상은 보이는 세계(자연계)와 보이지 않는 세계(영계)로 이루어져 있다. 자연계는 지구, 해, 달, 별 등의 우주와 동식물, 인간의 몸 등으로 구성되어 있고, 영계는 하나님, 천사, 사탄, 귀신, 인간의 영혼 등으로 구성되어 있다. 많은 사람이 자연계만 있는 줄 알고, 영계가 있는 줄을 모른다. 우리 육체의 눈이 자연계만 볼 수 있기 때문이다. 인간은 독특하게 몸과 영혼으로 이루어져, 자연계와 영계 모두에 속한다. 자연계와 영계는 분리되어있는 것이 아니고, 공존하며 서로 영향을 주고 있다.

직접적인 영향으로는, 하나님과 사탄은 인간의 마음에 말할 수 있다. 하나님은 사탄이 우리에게 말하는 것을 허용하였다. 그러기에, 마음의 생각이 모두 자신의 것이라고 오해하면 안 된다. 어떤 생각이 떠올랐을 때, 그것이 하나님으로부터 왔는지 사탄으로부터 왔는지, 자신의 영혼이 했는지를 분별해야 한다. 많은 사람이 사탄이 주는 생각을 자신의 것인 줄 알고 행동으로 옮겨서 죄를 짓는다.

하나님과 사탄은 다른 사람을 통해, 혹은 다른 사람이 만든 작품을 통해 간접적으로 우리에게 영향을 줄 수 있다. 인간이 만드는 것, 예로서 영화, 음악, 소설, 책, 인터넷 내용 등 모든 것이 영적 작품이다. 어떤 것은 하나님의 감동으로 만들어져서 우리 믿음을 증가시키고, 어떤 것은 사탄의 작품으로 우리 믿음을 파괴한다.

그런데, 안타깝게도 우리 주위에 사탄의 작품이 훨씬 많기에, 보고 듣고 읽는 것을 조심해야 한다. 보고 듣는 것은 마음으로 들어가 우리 영혼에 영향을 주기 때문이다. 현재 세상의 모든 영역, 즉 문화, 예술, 학문, 교육, 정치, 경제 등의 영역에서 하나님의 사람들과 사탄의 사람들이 다른 영혼에 영향을 주기 위해 치열한 전쟁을 하고 있다.

2. 하나님

하나님은 영(spirit)이며, 영원하며, 창조주이며, 지금도 홀로 온 땅을 공의와 사랑으로 다스리는 통치자이다. 하나님은 전지전능하며, 이 땅의 모든 일을 결정하고, 모든 사람의 마음을 주관하며, 인간의 생사화복과 국가의 흥망성쇠를 결정한다. 하나님은 지금도 우리의 모든 삶, 즉 말과 행동과 마음의 묵상까지도 보고 있으며, 우리의 삶을 인도한다.

3. 예수님

예수님은 하나님의 유일하신 아들이며, 하나님과 함께 있다가 하나님의 뜻을 따라 인간의 몸을 입고 이 땅에 와서, 우리를 대신하여 우리의 모든 죄를 짊어지시고 십자가에서 죽으셨다가, 3일 만에 부활하셨다. 부활 후 40일 동안 제자들에게 자신의 부활을 확신하게 만든 후, 제자들이 보는 데서 승천하여 하나님의 우편에 앉았다. 지금은 하나님 우편에서 우리를 위하여 간구하는 대제사장 역할을 하다가, 장차 살아있는 자와 죽은 자를 심판하러 다시 이 땅에 오신다.

4. 인간

인간은 몸과 영혼으로 이루어져, 죽어서 끝나는 존재가 아니고, 죽음 이후에도 영원히 존재한다. 살아 있을 때는 몸과 영혼이 연합해서 인격적 활동을 하며, 죽으면 몸은 흙이 되고, 영혼은 천국 또는

지옥으로 간다. 우리가 예수님을 믿으면, 우리 죄가 사하여지고, 하나님으로부터 의롭다 함을 얻으며, 성령이 우리 안에 임하고, 하나님의 자녀가 되고, 살아 있는 동안에 하나님의 자녀로서 축복을 누리다가, 죽으면 천국에 가서 영생을 누린다.

5. 사탄

사탄은 악한 영(spirit)이며, 인간을 타락하게 만들어서 지옥으로 끌고 가려고 한다. 사탄은 우리 마음에 속삭일 수 있으며, 사탄의 미혹을 받은 사람들이 믿음을 파괴하는 수많은 작품을 만들고 있다.

위에 적은 진리는 정확무오한 하나님의 말씀인 성경과 일치하기에, 우리의 마음 상태, 즉 감정이나 믿음과는 무관한 객관적 사실이다. 그렇지만, 위에서 언급한 진리대로, 우리가 예수님을 믿어야만 영적인 축복을 누릴 수 있다. 그런데, 좋은 믿음을 유지하는 것이 쉽지 않다. 왜냐하면, 앞에서 언급한 대로, 우리에게는 죄성이 있고, 사탄이 우리의 믿음을 무너뜨리려고 하며, 사탄의 작품, 즉 음란한 문화, 사상 등이 유혹하고 미혹하기 때문이다.

생각해보기

1. 우리가 사는 세상이 자연계와 영계로 이루어져 있음을 실감하고 있습니까?

2. 우리 마음이 영의 영향, 즉 하나님과 사탄의 영향을 받을 수 있다고 생각해 본 적이 있습니까?

12
믿음을 갖고 지키려면

> 사탄의 방해를 이기고,
> 하나님을 겸손히 간절히 찾고
> 믿음을 구하기만 하면,
> 누구든지 하나님을 만나고
> 믿음을 갖게 된다.

이제부터 믿음을 갖고 지키려면 어떻게 해야 하는지를 언급하겠다.

1. 믿음은 하나님의 선물이다.

믿음은 우리의 노력이나 의지나 결심이 아니고, 하나님께서 감동을 주셔서 우리가 믿음을 갖도록, 즉 믿어지도록 해 주셔야 한다. 그러기에, 믿음은 전적인 하나님의 은혜이며 선물이며, 하나님의 주권에 의해 우리에게 주어지는 것이다. 그런데, 하나님의 선물을 받으려면, 우리의 마음이 낮아져야 한다. 그러기에, 자아가 강하고 교만한 사람은 믿음을 갖기 어려우며, 믿음을 갖기를 원하는 간절한 마음으로 하나님 앞으로 나아가서 엎드려야 한다.

그런데, 사탄은 우리를 교만하게 만들며, 간절한 마음을 가지지 못하게 막는다. 이러한 사탄의 방해를 이기고, 하나님을 겸손히 간절히 찾고 믿음을 구하기만 하면, 누구든지 하나님을 만나고 믿음을 갖게 된다.

2. 믿음은 하나님의 말씀으로부터 시작된다.

교회에 나가서 말씀을 듣고, 개인적으로 성경을 읽으면서 하나님과 예수님에 대해 알아야 한다. 하나님에 대한 정확한 지식이 없으면, 올바른 믿음을 가질 수 없다. 매일 시간을 정하여서 성경 읽고 기도하길 권장한다. 그리고, 좋은 믿음의 사람과 대화를 나누고, 믿음에 좋은 것들, 즉 설교, 찬양, 간증 등을 보고 듣고 읽는다. 또한, 자신의 믿음을 고백하고 다른 사람에게 믿음을 전하다 보면, 오히려 자신의 믿음에 큰 유익이 된다.

3. 믿음을 파괴하는 모든 것을 피해야 한다.

믿음을 파괴하는 모든 것들, 즉 음란한 내용과 미혹하는 논리들을 보지도 듣지도 읽지도 말아야 한다. 우리 마음에 들어온 것은 결국 믿음에 영향을 주기에, 나쁜 것이 마음에 들어오지 않도록 차단해야 한다. 사탄의 수법은 항상 비슷해서 음란으로 유혹하며, 잘못된 논리로 미혹해서 믿음을 파괴하려고 한다. 우리는 죄성을 가지고 있어서 음란의 유혹을 피하기 어렵지만, 하나님께 기도하면 우리를 도와주신다. 우리가 거룩하게 살고 싶다고 기도하면, 하나님은 우리의 기도를 기뻐하시면서 반드시 들어주신다. 또한, 미혹하는 논리 등에 빠지면 안 된다. 심지어는 신학까지 변질이 되어 바른 신앙을 못 가지게 하므로, 영적 지도자의 자문을 듣고 신중하게 책을 선정해서 읽어야 한다. 책을 분별없이 읽으면 믿음을 잃어버릴 수 있다. 마치 나쁜 음식을 먹으면 오히려 건강에 해로운 것과 같다.

4. 매일 말씀을 읽고 찬송을 부르며 기도해야 한다.

우리가 수시로 주위의 나쁜 영향을 받을 수 있기에, 말씀 묵상, 찬송, 기도를 매일 해야 한다. 세상의 나쁜 영향이 우리 마음 안에 뿌리를 내리지 않도록, 말씀과 기도로 매일 점검해야 한다. 나쁜 영향이 마음에 뿌리를 내리면, 제거하는 것이 쉽지 않기에 즉시 씻어내는 것이 매우 중요하다. 믿음의 분별력이 없으면 세상의 악한 영향에 휩쓸려 갈 수 있기에, 우리 안에 믿음의 분별력이 유지될 수 있도록 노력해야 한다.

5. 하나님의 말씀대로 살려고 최선을 다해야 한다.

하나님은 우리 삶을 보고 계시기에, 24시간 하나님의 말씀을 지키려고 애쓸 때, 하나님은 우리의 믿음을 보호하고 유지하게 해 주신다. 믿음에서 삶(행함)이 나오고, 삶으로 믿음이 견고해진다. 믿음과 삶이 분리될 수 없다.

6. 우리 삶에 닥치는 모든 일을 하나님께 아뢰고 의지해야 한다.

우리 삶에서 겪는 모든 일을 하나님께 아뢰고, 도움을 요청해야 한다. 자신의 힘으로만 하려는 것은 오히려 믿음이 없는 것이고, 자신도 최선을 다하지만, 하나님을 수시로 의지해야 한다. 그럴 때 기도 응답도 체험하고 믿음이 강해진다. 영적으로 문제가 있을 때, 특히 믿음이 약해질 때도 하나님께 구하면 은혜를 주신다. 하나님께 자신의 상황이나 믿음의 부족함을 숨기지 않고 솔직하게 고백하며 도움을 요청해야 한다. 하나님은 우리의 모든 것을 아시며, 우리를 있는 그대로 받아주시는 우리의 아버지이심을 기억하자.

7. 우리의 죄를 대신 짊어지시고 죽은 예수님을 수시로 묵상해야 한다.

우리가 미혹과 유혹을 이기며 깨끗한 삶을 살려고 애를 쓰더라도,

우리 마음에 우리를 대신하여 죽은 예수님의 십자가 사랑이 없으면 본질적 승리를 할 수 없다. 십자가에 담겨 있는 하나님과 예수님의 사랑을 느끼고 누릴 때, 세상을 이길 수 있다. 즉, 우리 안에 예수님의 영이 있을 때만 세상을 이긴다. 예수 그리스도를 믿는 믿음만이 세상을 이기는 유일한 길임을 명심해야 한다. 예수님을 향한 뜨거운 믿음이 부족하다고 생각하면, 다른 어떤 것보다 뜨거운 믿음을 달라고 기도해야 하며, 하나님께서는 그러한 기도를 반드시 들어주신다.

위에서는 개인적 차원에서 믿음을 지키는 것을 말했는데, 이제는 사회적 차원에서 믿음을 지키는 것을 언급하겠다. 우리는 서로 영적인 영향을 주고받기에, 사회 전체가 잘못되면 우리 믿음을 지키기 어렵고, 다음 세대에 믿음을 전하기 어렵다. 그러기에, 사회적 차원에서 믿음을 유지할 수 있는 환경을 만들어야 한다.

❶ 믿음을 파괴하는 악한 법과 판결을 막아야 한다.
법은 공권력이 있기에, 법으로 믿음을 탄압하는 것을 허용하면 안 된다. 좋은 예로, 믿음이 좋았던 영국이 포괄적 차별금지법을 만들면서, 급속히 영국 사람들이 믿음을 잃어버리게 되었다. 그렇기에, 우리의 믿음을 지키기 위하여 포괄적 차별금지법을 포함한 악법들의 제정을 반드시 막아야 한다. 또한, 법원에 의한 악한 판결도 막

아야 한다. 왜냐하면, 판결은 법과 동일한 효과를 내기 때문이다. 동성결혼을 합법화한 국가 중 1/3이 법원 판결로 합법화가 이루어졌다.

❷ **믿음을 파괴하는 악하고 음란한 문화의 확산을 막아야 한다.**

문화의 영향력이 크기에, 음란한 문화가 확산이 되면, 많은 사람이 성적인 죄로 인하여 믿음을 잃게 된다. 예로서, 북미, 남미, 서구 유럽 등이 포르노를 합법화하였으며, 그 결과, 어릴 때부터 포르노를 접하면서 믿음이 다음 세대에 전수되지 않으며, 특히 가정이 파괴되고 있다. 2018년 OECD 국가의 사생아 비율을 보면, 칠레 74%, 프랑스 60%, 영국 48%, 미국 40%이며, OECD 국가의 평균 사생아 비율이 약 40%이다. 참고로, 한국의 사생아 비율은 2% 정도이다. OECD 38개국의 사회적 금기 현황을 살펴보면, 포르노, 매춘, 사촌 결혼, 동성결혼에 대해서 OECD 국가의 약 80~90%가 허용하며, 대마초는 OECD 국가의 약 60%가 허용한다. 경제적으로 부유하게 되면서, 성적 타락이 일어나고 가정이 파괴되었다.

OECD 국가 중에서 매춘, 사촌 결혼, 동성결혼, 포르노, 대마초, 다섯 개를 모두 금지하는 국가는 유일하게 대한민국이다. 물론 경제적으로 어려운 국가 중에는 모두 금지하는 국가들이 있지만, 경제적으로 잘 사는 OECD 국가 중에서는 한국이 유일하다. 그러기에, 한국 크리스천은 자신의 거룩함을 지키면서, 한국 사회의 거룩함도 유지될 수 있도록 해서, 전 세계를 선도하는 대한민국이 되게 해야 한다. 우리가 거룩한 본을 보이면서 다음 세대에 거룩한 삶을 살도록 권면해서, 거룩한 의인이 사라지지 않도록 해야 한다.

의인 한 명은 음란한 사람 천 명보다 더 큰 영향력을 사회에 줄 수 있기에, 우리가 거룩하게 살기만 하면, 사회의 거룩함을 지킬 수 있다. 초대교회가 있었던 로마 시대는 지금보다 훨씬 음란했다. 로마 황제는 동성 결혼을 하였고, 교육계의 리더인 철학자는 소아성애를 하였고, 신전에 가면 남녀 창기가 있었다. 정치, 교육, 종교 등 모든 영역이 음란하였는데, 로마 지도층이 크리스천 여성을 며느리와 배우자로 받아들임으로써, 결국 로마는 기독교 국가 되었다. 이처럼 세상이 음란할수록 거룩함이 더욱 빛을 발한다.

❸ 믿음을 파괴하는 내용을 교육 현장에서 가르치도록 허용하면 안 된다.

현대는 유물론, 무신론, 진화론 등 영의 세계를 부정하는 논리들이 대부분 학문의 주류를 장악하는 영적 암흑기이다. 학문에서 만들어진 논리가 교육 현장에서 다음 세대를 세뇌하고 있다. 현재는 사람들이 유물론에 대해 문제의식을 느끼지 못하지만, 유물론을 진짜로 믿는 다음 세대가 많아지면 끔찍한 범죄가 생길 수 있다. 인간은 어리석기에, 반복 교육을 받으면 진리라고 믿게 된다. 왜곡된 교육을 받은 골수 유물론자들이 정치, 문화, 언론, 교육 등을 장악하면, 인간의 존엄성을 파괴하는 법을 만들고, 인간 생명체를 조작하고 파괴하려고 할 수 있다. 그러기에, 학교 교육 내용을 감시하고, 교육 현장에서 인간의 존재 가치를 파괴하는 논리가 일방적으로 가르쳐지지 않도록 해야 한다.

우리는 유혹과 미혹으로부터 자신의 믿음과 거룩함을 지키면서, 학문, 교육, 문화, 언론, 정치 등의 모든 영역에 들어가서 하나님의 나라를 만들어야 한다. 지금은 유물론 등이 세상의 학문과 문화 등을 장악하고 있는데, 유물론은 우리의 존재 가치와 인생의 의미를 파괴하고 허무함과 무가치함만 주기에, 유물론을 좋아할 사람들은 하나도 없다. 그러기에, 유물론이 진리가 아님을 깨닫게 해 주기만 하면, 유물론에서 벗어나게 할 수 있다. 우리가 뜨거운 진짜 믿음을 유지하면서, 실력을 갖추어 세상으로 들어가서 세상을 변화시켜야 한다.

생각해보기

1. 자신의 믿음을 유지하기 위하여, 어떠한 노력을 하고 있습니까?

2. 자신의 재능, 직업, 재물 등을 사용하여 하나님의 나라를 만들기 위하여, 어떠한 노력을 하고 있습니까?

3. 대한민국이 전 세계를 선도하는 믿음의 국가가 되기를 바라는 뜨거운 마음이 있습니까?

에필로그

나는 이 글을 믿음이 좋아서 쓴 것이 아니고 오랜 시간 방황하였기에, 지금 방황하는 사람에게 도움을 주고 싶어서 지나온 경험을 적었다. 어리석고 교만하고 강퍅하고 죄악된 나를 선택하시고 사랑하시고 오늘의 나를 만드신 하나님께 감사드린다. 나의 삶을 뒤돌아보면, 모든 것이 하나님 은혜이다. 젊은 날 하나님을 알지 못하고 세상 속에서 방황할 때도 나를 보호해 주시고, 때가 되매 영의 눈을 뜨게 하시고, 기도를 응답하셔서 박사와 교수가 되고 하나님을 믿게 해 주시고, 한국에 들어와 죄를 지었을 때도 나를 버리지 않고 신실하게 징계하시고, 간을 나쁘게 해서 젊은 날 더 이상 유혹에 빠지지 않게 하시고, 하나님의 일을 하고 싶다고 기도했을 때 건강을 회복시켜 주셔서 마음껏 하나님의 일을 하도록 해 주시고, 한동대 석좌교수 등 온갖 축복을 주신 하나님께 진심으로 감사드린다. 그렇지만, 나는 여전히 연약해서 하나님이 붙들어주지 않으면 안 되는 존재이며, 오직 하나님의 은혜로 믿음을 유지하고 있다. 나는 여전히 부족하지만, 오늘의 나를 만드신 하나님이 끝까지 나를 사랑하시며 붙들어주실 것을 믿는다. 매일 아침 성경 읽고 기도하면서, 예수님을 뜨겁게 진짜로 믿는 사람이 되게 해 달라고 기도하고 있다. 지금도 세상에서 방황하는 수많은 사람을 위해 진짜 믿음의 본을 보여 주고 싶으며, 특히 유물론자와 무신론자들에게 복음을 전하는 하나님의 일꾼이 되고 싶다. 나의 꿈은 설레는 마음으로 죽음을 통과하는 것이며, 나의 죽은 모습이 주위 사람들에게 하나님과 천국에 대한 믿음을 갖게 만들며, 자녀와 손자들도 설레는 마음으로 죽음을 통과하길 바란다. 지금도 나의 간절한 소망은 죽음을 이기는 진짜 믿음을 갖고, 다음 세대에 진짜 믿음을 전하는 것이다. 천국에서 영생을 누릴 수 있는 인간으로 나를 만들어주신 하나님께 감사와 찬송과 영광을 드린다.